SRĪ RĀMAKRISHNA
EIN WERKZEUG GOTTES SEIN

Das traditionelle Foto Rāmakrishnas,
das in vielen Tempeln und Wohnungen
zur Verehrung hängt.

REIHE
KLASSIKER DER ÖSTLICHEN MEDITATION
SPIRITUALITÄT INDIENS

Herausgegeben von Martin Kämpchen

SRĪ RĀMAKRISHNA

EIN WERKZEUG GOTTES SEIN

Gespräche mit seinen Schülern

Aus dem Bengalischen übersetzt,
ausgewählt und eingeleitet
von Martin Kämpchen

BENZIGER

ISBN 3 545 20708 0

Inhalt

Das Geburtshaus Rāmakrishnas in Kāmārpukur.
Foto: Partha Neogi

Swāmī Asaktānanda
(Rāmakrishna Mission, Narendrapur)

in Dankbarkeit
gewidmet

Außenansicht von Rāmakrishnas Zimmer
im Bereich des Kali-Tempels von Dakshineswar.
Foto: Partha Neogi

Einleitung

Srī Rāmakrishna (1836–1886) gilt in Indien wie im Westen als einer der überragenden Heiligen und religiösen Phänomene des modernen Indien. Vom Lokalheiligen und Lokal-Avatāra, der er während seiner Lebenszeit war, ist er durch den missionarischen Eifer seiner monastischen Jünger und Laien-Verehrer zu einer posthumen Verehrung gelangt, die über sein heimatliches Bengalen hinausging, panindisch wurde und sehr früh das Interesse europäischer Intellektueller gefangenhielt; sie sahen zur Zeit der ersten Regungen eines nationalen indischen Selbstbewußtseins in Rāmakrishna eine Symbolfigur für die Integrationskraft des indischen Geistes und die Fähigkeit des Hinduismus, sich den Forderungen eines neuen Zeitalters auf kreative, aber unnachahmbar eigene Weise zu stellen. Romain Rolland schrieb – bezeichnenderweise – Bücher über drei indische Persönlichkeiten: über Rāmakrishna, Swāmī Vivekānanda und Mahātmā Gāndhī. Max Müller, der berühmte deutsche Indologe, der in England lehrte, war der erste im Westen, der auf Rāmakrishna aufmerksam wurde und über ihn ein englisches Buch verfaßte, das auch eine schmale Anthologie seiner Aussprüche enthält.[1]

Einen wesentlichen Anteil an dieser Wirkung hat jenes Werk eines Laien-Verehrers von Rāmakrishna, von dem dieser Band eine Auswahl vorstellt: der *Śrīśrī Rāmakṛṣṇa Kathāmṛta* (die «Nektar-gleichen Worte von Srī Rāmakrishna»). Sein Autor, Mahendranāth Gupta, hat in diesem Tagebuch, das er vier Jahre lang führte (1882–1886),

[1] Vgl. das Literaturverzeichnis am Ende des Buches.

viele Gespräche Rāmakrishnas mit seinen Schülern und Besuchern notiert. Die zwischen 1902 und 1932 erschienenen fünf Bände dieses Quellenwerks gehören zum festen Bestand moderner hagiographischer Literatur; in Bengalen sind sie ein Volksbuch, eine moderne Bibel geworden, das in beinahe jeder privaten Bibliothek steht. Der «Kathāmrita» ist in drei verschiedenen englischen Ausgaben erschienen; ja, die ersten zwei Gesprächssammlungen sind als Broschüren in englischer Sprache herausgekommen, noch bevor sie im bengalischen Original gedruckt wurden. Der Anspruch auf globale Wirkung stand also von Anfang an im Vordergrund.

Rāmakrishna wird heute in die Reihe der großen Persönlichkeiten des Neo-Hinduismus gestellt, die mit Rām Mohan Roy beginnt und nach ihm mit Namen wie Debendranāth Tagore, Keshab Chandra Sen, Swāmī Vivekānanda, Rabīndranāth Tagore, Aurobindo Ghose und Mahātmā Gāndhī fortgesetzt wird. Im Unterschied zu diesen Großen Indiens ist Rāmakrishna bisher nicht historisch-kritisch dargestellt worden. Während Werk und Leben etwa von Rabīndranāth Tagore, Aurobindo Ghose und Mahātmā Gāndhī von Wissenschaftlern unterschiedlicher Disziplinen beschrieben und ausgewertet worden sind und die akademische Diskussion bis heute schöpferisch und lebhaft bleibt, ist das Werk Rāmakrishnas – seine Gespräche vor allem – in Bengalen wie außerhalb von der Wissenschaft unangetastet.[2]

Die Gründe sind auf zwei Ebenen zu suchen: Rāmakrishna besitzt ein so leuchtendes Charisma, seine Gestalt hat das ländliche wie städtische Bengalen so stark in einen Bann der Faszination geschlagen, daß eine distanziert-nüchterne Betrachtung bis heute kaum möglich ist. Zu

[2] Einen Anfang, wenn auch noch recht vorläufigen, macht das Manuskript von Sumit Sarkar: The Kathamrita as a Text: Towards an Understanding of Ramakrishna Paramahamsa (vgl. das Literaturverzeichnis für ausführliche bibliographische Angaben).

nah ist dieser Heilige noch, zu sehr noch Mitglied der gegenwärtigen bengalischen Gesellschaft. Gerade erst hat man seinen 150. Geburtstag gefeiert.

Die zweite Ebene der Begründung ist, daß der von Swāmī Vivekānanda, dem bedeutenden Schüler Rāmakrishnas, gegründete Rāmakrishna-Orden von Anfang an das Erbe Rāmakrishnas gepflegt hat, und zwar mit dem charakteristischen Eifer von Mönchen für das Gedenken und Ansehen ihres Ordensvaters. Mahendranāth Guptas «Kathāmrita» wurde von einem Mönch des Ordens ins Englische übersetzt und vom Orden veröffentlicht; ebenso schrieb die offizielle Biographie ein Schüler Rāmakrishnas und Mönch des Ordens. Wie schon Bonaventura nicht nur das Leben des Franziskus wahrheitsgetreu wiedergeben wollte, sondern durch die Biographie dem Orden ein Eigengepräge, eine Spiritualität zu vermitteln suchte, ebenso enthält die offizielle Biographie des Swāmī Sāradānanda die erste Darstellung einer Spiritualität Rāmakrishnas, oder eher: einer Spiritualität des Rāmakrishna-Ordens. Aus diesen beiden Grundwerken hat sich eine umfangreiche *spirituelle* Ordensliteratur entwickelt, der es um die Projektion spiritueller Werte ging; außer-spirituelle Perspektiven blieben dabei unweigerlich ausgespart.

Außerhalb von Rāmakrishnas Heimat Bengalen hat die Sprachbarriere eine wissenschaftliche Beschäftigung mit Rāmakrishna bis heute verzögert. Max Müller und Romain Rolland urteilten und schrieben ihre Bücher über Rāmakrishna einzig aufgrund ihrer Kenntnisse der englischen Übersetzungen. Auch ihre Nachfolger in Europa und Amerika, die dem Rāmakrishna-Orden nahestehen, bedienen sich keiner neuen Quellen.

Rāmakrishna bleibt also noch halb unentdeckt. Zunächst fehlt eine philologisch befriedigende, genaue Übersetzung des «Kathāmrita» ins Englische und in andere Sprachen; sodann ist eine neue Biographie notwendig, die nicht nur das breit gestreute neue Quellenmaterial auswertet, sondern Rāmakrishnas Leben auch aus historischer, soziologischer, anthropologischer und politischer Sicht analysiert.

Rāmakrishnas Leben

Rāmakrishna wurde 1836 als Sohn des Brahmanen-Ehepaars Khudirām und Chandrā Chatterjee geboren; seine Eltern gaben ihm den Namen Gadādhar. Sein Geburtsort Kāmārpukur, rund hundert Kilometer nördlich von Kalkutta, ist eines von Tausenden kleiner bengalischer Dörfer, die, von Reisfeldern umgeben, durchwachsen von Bäumen und Büschen, eine scheinbar träumerische Existenz weitab vom Lärm und den Lichtern und Aufregungen des Stadtlebens führen. Das Leben in diesen abgelegenen bengalischen Dörfern läuft heute noch beinahe genau so ab wie in Kāmārpukur zur Jugendzeit Gadādhars. Die Spaltung der Dorfgemeinschaft in verschiedene Kasten, die Polarität von reichen Landbesitzern und armen Bauern, die entweder als Teilernter auf den Feldern der Landbesitzer arbeiten oder sich als Tagelöhner immer neu Arbeit suchen müssen, der enge Familienzusammenhalt, worin im selbstverständlichen Geben und Nehmen die Not der einen Mitglieder von den anderen aufgefangen wird – das alles bestimmte das gesellschaftliche Leben im Dorf. Religion spielte eine beherrschende Rolle; Ritualismus rund um Dorfgottheiten, die in Dorftempeln, in kleinen Heiligtümern unter Bäumen, am Wegrand, an Teich- und Flußufern oder in der eigenen Wohnung verehrt werden, waren der hauptsächliche Ausdruck der Religiosität; Hand in Hand gingen damit Wundergläubigkeit und eine tatsächliche Empfänglichkeit für Visionen und andere psychische Phänomene. Das «moderne Indien» mit dem Verwaltungsapparat der englischen Kolonialregierung, der Englisch sprechenden und in englischen Colleges erzogenen städtischen Bildungsschicht kannte man in Kāmārpukur kaum vom Hörensagen. Kamen Fremde in die Nähe des Dorfes, waren es Pilger oder Bettelmönche auf dem Weg zum berühmten Jagannāth-Tempel in Purī. Sie haben auf den jungen Gadādhar einen tiefen Eindruck gemacht, sprach er doch später häufig von ihnen. Rund um die ritualistische *bhakti* (Gottesverehrung) lagerte sich eine religiöse Kultur von jahreszeitlichen Festen und Observanzen, meist orientiert an Voll- und Neumondzeiten, von *jātrās* (den in Bengalen populären Volksdramen, die mit viel Pathos die Hindu-Mythen zum Leben bringen) und *kīrtanas* (den litaneienartigen Gesängen zu Ehren von Krishna und Rāma).

Khudirām war ein armer Bauer, Besitzer von ein paar *bighā* Ackerland. Seine Ehrlichkeit hatte ihn um einen wesentlich größeren Besitz gebracht; durch die Intrige eines großen Landbesitzers war er in diese Armut gesunken. Khudirām und Chandrā werden als fromme Verehrer der Dorfgottheiten beschrieben. In der Biographie von Sāradānanda ist die Rede von Visionen, die Vater und Mutter empfingen, bevor Gadādhar geboren wurde, eine Vision weist sogar auf eine göttliche Empfängnis hin. Schon unmittelbare Schüler Rāmakrishnas standen diesen Visionen ungläubig gegenüber und befürchteten, daß der Wunsch, Rāmakrishna als einen Avatāra in einer Reihe mit Buddha und Jesus Christus zu beschreiben, zu einer solchen Legendenbildung Anlaß gab. Richtig ist aber auch, daß die religiöse Atmosphäre des Volkshinduismus diese Durchmischung von Legende und Wirklichkeit, von wunderbaren Begebenheiten und Wundergier, von spiritueller Sensibilität und kindlicher Empfänglichkeit für das Außergewöhnliche fördert.

Rāmakrishna hat zeitlebens seine bäuerliche Herkunft weder verleugnen können noch verleugnen wollen. Zu der Faszination, die von ihm ausgeht, gehört seine derbbäuerliche Sprache, der Gebrauch von Metaphern, Beispielen, Parabeln aus dem bäuerlichen Bereich, die Atmosphäre des schlichten Bauernjungen, die sich erstaunlich harmonisch mit dem Verhalten des Gott-berauschten Narren verquickte. Rāmakrishna blieb Bauernjunge, obwohl er den längeren Teil seines Lebens in der Nähe von Kalkutta wohnte und mit Menschen verkehrte, die aus der städtischen Mittelklasse stammten.

Dieser Heraustritt aus der kleinen Geborgenheit des Dorfes geschah aus wirtschaftlichen Gründen; schon damals gab es eine Landflucht. Rāmkumār, Gadādhars älterer Bruder, war ein Mann traditionell hinduistischer Bildung; er kannte die Schriften und konnte die Riten zelebrieren. Er entschloß sich, nach Kalkutta überzusiedeln, um dort eine traditionelle Schule *(ṭol)* zu eröffnen. Gadādhar wollte nicht, daß seine verspielt-sorglose Kindheit von monotonen Schulpflichten unterbrochen wurde; Rāmkumār war bekümmert über den Unernst des jüngeren Bruders und nahm ihn schließlich nach Kalkutta mit, um ihn dort in seiner Schule zu erziehen. Gadādhar willigte ein; als Sechzehnjähriger verließ er Kāmārpukur und siedelte nach Kalkutta über. Er ist mehrmals nach Kāmārpukur zurückgekehrt, auch einige Monate lang, doch stets wie ein Gast. Sein Lebensraum ist seitdem der großstädtische Bereich.

Auch in Kalkutta ließ sich Gadādhar nicht zum ernsthaften Studium bewegen; er zog es vor, in den Häusern frommer Hindus die täglichen rituellen Gottesdienste *(pūjās)* zu zelebrieren. Rāmkumār begann, (ab 1855) als Priester *(pūjārī)* des neu eingeweihten Tempels von Dakshineswar zu Ehren der Muttergottheit Kālī zu wirken. Rānī Rāsmanī, eine reiche Witwe, hatte, einer Vision gehorchend, die große Tempelanlage im Norden der Großstadt unmittelbar am heiligen Fluß Ganges erbaut. Als sie eingeweiht werden sollte, weigerten sich die Brahmanen, die Priesterdienste im Tempel zu übernehmen, weil die Erbauerin einer niedrigen Kaste (der *śūdra*-Kaste) angehörte. Gelehrte wurden gerufen, die in den Lehrbüchern nach einem Weg aus der Sackgasse finden sollten. Auch Rāmkumār wurde um seine Meinung gefragt, und er bot eine Lösung an, die dem brahmanischen Anspruch wie auch den Wünschen der reichen Erbauerin gerecht wurden. Als sie ihn bat, Priester im Kālī-Tempel zu werden, nahm er an. Gadādhar dagegen folgte nur zögernd. Es ist bemerkenswert, daß er, der später in seiner Phase der Gottesvernarrtheit die Konventionen der Kaste und des sozialen Verhaltens abwerfen würde, als junger Mann im Kastenbewußtsein befangen war. Er hieß die liberale Auslegung der Gesetzbücher nicht gut und versuchte, seinen älteren Bruder von der Annahme des Priesteramtes abzubringen. Er weigerte sich bei der feierlichen Einweihung, von den sakramentalisierten Speisen zu essen. Gadādhar begann zwar, im Tempelbezirk zu wohnen, doch zunächst kochte er sein eigenes Essen – aus Furcht, seine rituelle Unbeflecktheit, die gerade durch lässiges Einhalten der Essensvorschriften gefährdet wird, zu verlieren. Während seiner späteren ekstatischen Zustände mißachtete er nicht nur die Reinheitsvorschriften, sondern verstieß bewußt – als asketische Übung – gegen sie. Er aß die Essensreste von den Tellern der Bettler, ließ sich von unbekannten Angehörigen niedriger Kasten zum gemeinsamen Essen einladen (vgl. S. 87f), er fegte heimlich die Latrinen in den Häusern niedrigkastiger Familien. Als sich jedoch sein spirituelles Leben in ein gewisses Gleichmaß eingependelt hatte und das rationale Vermögen die Kontrolle über sein gesellschaftliches Leben zurückgewann, kehrte er zu brahmanischen Reinheitsvorschriften zurück (vgl. S. 89), interpretierte sie allerdings großzügiger als in seiner Jugend.

Rāmkumār starb 1856, ein Jahr nach der Tempeleinweihung; Gadādhar folgte ihm als Priester im Kālī-Tempel, ein Amt, gegen das er inzwischen keine Einwände mehr hatte. Die Zeit seiner bewußten Gottsuche und Askese *(sādhanā)* begann! Von dieser Anfangszeit hat der Heilige später immer wieder gesprochen. Seine Sehnsucht, die

Göttin Kālī, der er nun als Priester diente, «zu sehen», wuchs zu einer unkontrollierbaren psychischen und emotionalen Anspannung, die sich in Weinkrämpfen, Schreien, konvulsivem Rollen auf dem Boden und ähnlichen Anfällen entlud. Rānī Rāsmanī und ihr Schwager, Mathurānāth Biswās, ließen ihn mehrmals ärztlich untersuchen, weil sie eine Geisteskrankheit befürchteten; oder war er von Geistern besessen? Zu dieser Zeit war Hriday, ein Neffe, der mit ihm im Tempelbezirk wohnte, sein unersetzlicher Betreuer.

Die Rānī und Mathur Bābu versagten Gadādhar ihr Patronat nicht, obwohl es für sie peinlich gewesen sein muß, den emotional unausgeglichenen Priester in ihrem Tempel zu haben. Nicht nur nahmen die Besucher Anstoß, auch die rituell wichtige Regelmäßigkeit und Genauigkeit der Gottesdienste waren in Gefahr.

Schon während seiner Kindheit, berichten die Biographen, empfängt Rāmakrishna Visionen, stürzt er, von Gesichten überwältigt, bewußtlos zu Boden; es scheint sich hauptsächlich um äußere Bilder, und zwar der Natur-Schönheit, zu handeln. Schon so früh ist also der Heilige empfänglich für das ästhetisch Anmutige und Majestätische und sieht spontan darin Zeichen für eine transzendente Wirklichkeit. Dieser Zug bleibt erhalten. Uns mag es wundern, warum dieser für das Schöne empfindsame Mann die Göttin Kālī zu seiner angebeteten Gottheit erwählt, jene Göttin also, deren Ikonographie sie häßlich, schwarz, furchterregend, erschreckend darzustellen liebt. Der Priester des Kālī-Tempels jedoch erlebte sie visionär als ein «fröhliches kleines Mädchen», als «schöne Frau» und schließlich, alle Grenzen anthropomorphischer Vorstellung und mythologischer Vorgabe überschreitend, als «Mutter des Universums», die er später sogar mit *brahman*, dem Absolut-Göttlichen, identifizieren wird. Während er sich der Verehrung von Kālī hingibt und die Gottheit in seiner Vorstellung wächst und wächst, läßt er auch die vielen Dorfgötter zurück.

Allheilmittel Heirat. Man möchte annehmen, Rāmakrish-ländlichen Hinduismus, hin zu der artikulierteren und spirituell beweglicheren Glaubensform des städtischen Hinduismus.

Der erste Höhepunkt seiner spirituellen Laufbahn war die Erfüllung seiner leidenschaftlichen Sehnsucht: eine Vision von Mutter Kālī. Er selbst hat sie später beschrieben: «Ich hatte das Gefühl, als würde mein Herz ausgewrungen wie ein nasses Tuch. Große Unruhe befiel mich, und ich wurde von der Furcht besessen, daß ich die Mutter in diesem Leben nicht sehen werde. Ich konnte die Trennung von ihr nicht länger ertragen. Plötzlich fiel mein Blick auf das große Schwert, das im Heiligtum der Mutter hing. Ich beschloß, meinem Leben ein Ende zu machen. Wie ein Wahnsinniger stürzte ich auf das Schwert zu, ergriff es, und da – offenbarte sich mir plötzlich die gnadenvolle Mutter. Die verschiedenen Teile der Gebäude, der Tempel und alles übrige verschwanden spurlos vor meinen Augen. Statt dessen sah ich einen Ozean des Geistes, grenzenlos, unendlich, blendend. So weit mein Blick reichte, sah ich glänzende Wogen, die sich von allen Seiten her erhoben und mit schrecklichem Rauschen auf mich einstürzten, als wollten sie mich verschlingen. Ich konnte nicht mehr atmen. Vom Wirbel der Wogen erfaßt, stürzte ich leblos zu Boden. Was in der Außenwelt vor sich ging, wußte ich nicht. Mein Inneres wurde von einer stetigen Welle unaussprechlicher, mir noch völlig unbekannter Glückseligkeit durchflutet, und ich fühlte die Gegenwart der Göttlichen Mutter [Kālī].»[3]

In Dakshineswar hatte man versucht, Gadādhar – der nun zu «Rāmakrishna» herangewachsen ist – durch Ärzte und Exorzisten von seiner «Verrücktheit» zu heilen; in seinem Heimatdorf Kāmārpukur, das diese besorgniserregende Nachricht empfangen hatte, verfiel man auf das

[3] Hans Torwesten: Ramakrishna. Schauspieler Gottes. S. 44f.

Es ist ein Schritt heraus aus dem Traditionalismus des na hätte sich gegen diesen Plan mit Händen und Füßen gewehrt; statt dessen war er nicht nur ein passiver Zuschauer der Brautsuche, sondern half im entscheidenden Augenblick mit, von einer Vision angeleitet. Die Heirat mit Sāradā fand 1859 in Kāmārpukur statt; Sāradā war fünf Jahre alt, Rāmakrishna dreiundzwanzig. Er ließ das Kind in ihrem Dorf zurück und reiste nach Dakshineswar, um dort wie zuvor in unkontrollierbare Verzückungen zu fallen. Bald darauf jedoch begann die Phase einer systematischen geistigen Askese unter verschiedenen Meisterinnen und Meistern; die tantrische Nonne Bhairabī kam 1861, ab 1863 begann die Einübung in die vishnuitischen *bhāvas*, ein Jahr später erschien ein strenger Vedāntin, der Mönch Totāpurī.

Die Sprunghaftigkeit der asketischen Anfänge wird nun in strenge Zucht genommen. Am Anfang konnte von einer willentlichen Askese nicht einmal die Rede sein – nur von einer ungezügelten, alles durchbrechenden Gottessehnsucht. In seinem Heimatdorf hat es zwar eine friedliche Koexistenz der Kulte gegeben, so daß Rāmakrishna für seine Annahme unterschiedlicher theologischer Schulen und asketischer Richtungen vorgeprägt war, es ist dennoch bemerkenswert, daß er sich während seiner Phase systematischer Askese nicht auf den Kult der Kālī beschränkte, der Teil des Saktismus ist, sondern nacheinander sehr unterschiedliche Askeseformen einübte und bis zu ihrem Ziel durchschritt. Denn die dem Hinduismus zugesprochene Toleranz ist keineswegs allgemein und entspricht auch nicht dem abendländischen, säkularisierten Verständnis von «Toleranz». Chaitanya, der bengalische Bhakti-Heilige des beginnenden 16. Jahrhunderts, hatte zwar eine Kasten und soziale Klassen und religiöse Gemeinschaften durchbrechende Bhakti gelehrt und verbreitet, die bis zu Rāmakrishna und bis in unsere Tage in ihrer integrierenden Kraft nachwirkt; doch sind die historisch gewachsenen Spannungen zwischen Vishnuismus und Sivaismus, zwischen Tantrismus/Saktismus und den übrigen Schulen nicht zu verleugnen. Vor dem Tantrismus hat Rāmakrishna seine Schüler allerdings gewarnt, oft sogar seine Abscheu davor bekundet; vishnuitische und saktische Formen des Kults und der Askese hat er bei seinen Schülern gefördert, wobei er jedem jene Sādhanā nahelegte, für die er oder sie gemäß dem Temperament und dem gegenwärtigen geistigen Entwicklungsstadium empfänglich war.

Während Rāmakrishnas vishnuitischer Sādhanā begegnen wir Phänomenen, die für Europäer fremd, manchmal befremdlich sind. Er versetzte sich mit der ihm eigenen Radikalität in die geistigen Haltungen *(bhāb̸a, bhāva)*, die in der vishnuitischen Mythologie vorgelebt werden und festgelegte Beziehungen zum persönlichen Gott darstellen (vgl. S. 128–130). Um die Diener-Meister-Haltung einzuüben, versetzte er sich in die mythologische Gestalt des Hanumān, des Kriegers in Affengestalt, der in dem Epos «Rāmāyana» als ergebener Diener Rāmas beschrieben ist. Er lebte diese Rolle so intensiv, daß er sich aus Tuch einen Schwanz machte und tagsüber auf den Ästen der Bäume saß. Die Liebe zwischen Liebhaber und Geliebter hat ihr mythologisches Vorbild in der Liebe zwischen Krishna und Rādhā. Um Gott Krishna zu verehren, identifizierte sich Rāmakrishna mit der Geliebten Rādhā – um als Rādhā die Liebe zu Krishna voll auszuschöpfen. Diese ekstatischen Identifikationen wurden von Rāmakrishna in aller äußerlichen Buchstäblichkeit und inneren Anpassung vollzogen: Er trug Frauenkleider, benahm sich frauenhaft, suchte die Gesellschaft von Frauen – er «wurde» Rādhā. Es gibt eine Reihe von Stellen in den Kathāmrita-Gesprächen wie in den Biographien, die auf die selbstgewählte Femininität Rāmakrishnas hinweisen; Sumit Sarkar schreibt wiederholt von Rāmakrishnas androgynen Eigenschaften,[4] die allerdings in der vishnuiti-

[4] Sumit Sarkar, a.a.O., *passim*.

schen Tradition, gerade in jenem Strang, der von Chaitanya ausgeht, kulturell vorgeprägt sind.
Das Ziel der Bhakti ist eine ekstatische Identifizierung mit der erwählten «Rolle» und «Rollenperson», um dann dem heroischen oder göttlichen Vorbild auf eine vollkommene Weise, die in der Mythologie vorgelebt ist, liebend, dienend zu begegnen. Die *imitatio Christi* scheut vor einer Identifikation mit Christus oder mit Personen in seinem Umkreis zurück. Nachfolge Christi wird zumeist in abstrakter Weise als Nachfolge in den Tugenden, den Werken, im Leiden, in der Freude, die die Evangelien der Person Christi zuschreiben, verstanden. Äußere Verbildlichung und Wiedererschaffung der Lebenssituationen Christi in der Phantasie sind zwar nicht unbekannt, doch bleiben sie Ausnahme-Erscheinungen.
Totāpurī, der strenge Mönch aus dem Panjāb, kam nach Dakshineswar und wies Rāmakrishna in die Vedānta-Philosophie ein. Totāpurī war ein starrer Advaita-Vedāntin; er lehnte Bhakti und mit ihr Ritus und Feiern in Tempeln und Häusern ab. Er konnte Rāmakrishnas Verehrung für Mutter Kālī nicht nachvollziehen, noch weniger seine liberale Vermischung von Kālī- und Krishna-Verehrung. Eifrig wie ein Kind versuchte Rāmakrishna probeweise seine Bhakti-Mentalität beiseite zu schieben, um sich nach Totāpurīs Anweisung auf den unpersönlichen, abstrakten Gott *(brahman)*, auf den «Gott ohne Form», zu sammeln. Er meisterte auch diesen Weg zur Gottesvereinigung und blieb nach eigener Aussage sechs Monate in fast ununterbrochener Entrückung, während der er weder Bewußtsein von Zeit und Ort besaß noch Sinneswahrnehmungen registrierte. Ein Bettelmönch wohnte bei ihm und drückte dem erstarrten Heiligen von Zeit zu Zeit ein wenig Nahrung in den Mund. Diese Entrückung ist deutlich der Höhepunkt von Rāmakrishnas geistiger Karriere: die Erleuchtung, die Befreiung. Auch auf diese vedāntische Erfahrung der

Einheit von Gott, Mensch und Kosmos kommt Rāmakrishna später häufig zu sprechen; gewöhnliche Menschen, sagt er, könnten von dieser Entrückung nicht mehr zum normalen Leben zurückkehren; die Erfahrung würde sie «verbrennen», sie müßten sterben. Nur wenige kehrten zurück, um der Menschheit davon zu berichten, die Menschen zu belehren und sie als Gurū anzuleiten (vgl. S. 69, 105 f).

Jahre später folgen Erfahrungen mit dem Islam und dem Christentum. Fasziniert von einer italienischen Darstellung der Madonna mit Kind, fragte Rāmakrishna einen bengalischen Bekannten nach Christus. Was er von ihm erfuhr, kann nicht viel gewesen sein, doch nahm es ihn so stark in Anspruch, daß er drei Tage lang in einer Stimmung der Christus-Kontemplation lebte. Danach hatte er, am Ganges entlangwandernd, mit offenen Augen eine Christus-Vision. Er sah eine hochgewachsene Gestalt mit heller Hautfarbe auf sich zukommen; sie blickten einander fest in die Augen. Seine Augen hatten, erzählt Rāmakrishna, eine ungewöhnliche Strahlkraft, sein Gesicht war schön, nur die Nase leicht flach. Zuerst wußte Rāmakrishna nicht, wer dieser Fremde war. Dann hörte er eine Stimme aus seinem Innern: «Das ist Jesus Christus, der große Yogī, der liebende Gottessohn, der eins ist mit dem Vater, der sein Herzblut vergoß und Qualen erlitt für die Errettung der Menschheit.» Danach umarmte Jesus Rāmakrishna und löste sich in ihm auf.[5]

Diese Auflösung und Durchdringung ist nach Rāmakrishnas Tod als ein Hinweis auf die spirituelle Ranggleichheit von Rāmakrishna und Jesus interpretiert worden; Rāmakrishna selbst sah seit dieser Vision in Jesus Christus einen Avatāra, so wie er sich selbst gegen Lebensende mehrmals ausdrücklich als einen Avatāra bezeichnet hat. Während diese Hineinnahme Christi in ein bisher ausschließlich vishnuitisches System spiritueller

5 Swami Saradananda: Sri Ramakrishna the Great Master. S. 295 f.

Hierarchie von der Katholizität Rāmakrishnas zeugt, so legt die Vorstellung des Avatāra, auf Christus angewendet, dem Verständnis von Christus Beschränkungen auf, die die Theologie nur schwer annehmen kann. Dennoch darf man darin eine willkommene Annäherung der beiden Religionen sehen und die vorläufige Grundlage eines Dialogs.

Im Jahre 1872 kam Sāradā, Rāmakrishnas Ehefrau, nach Dakshineswar, von einem Kind war sie zu einer blühenden jungen Frau herangewachsen. Rāmakrishna bewies einen Sinn für die praktischen Dinge des Lebens, die man von einem Ekstatiker kaum erwartet: Er schulte, schon in Kāmārpukur und nun in Dakshineswar, Sāradā in den Pflichten einer Ehefrau. Auch die Parabeln und Dorfgeschichten, die er später seinen Besuchern erzählen würde, zeigen seine Gabe der scharfen Beobachtung und seinen bäuerlich-praktischen Verstand. Sāradā hat, so berichtet Rāmakrishna, monatelang mit ihm im selben Zimmer gewohnt, er hat ihr auch angeboten, die Ehe zu vollziehen, falls sie es von ihm verlange; doch er selbst konnte sich nicht zu einer körperlichen Beziehung entschließen. Nach vielen Jahren asketischer Übung floh sein Geist vor Schreck und Widerwillen in die Ekstase, sobald sich die Gedanken mit einer solchen Möglichkeit beschäftigten. Anstatt sie als seine Ehefrau aufzunehmen, idealisierte, ja deifizierte Rāmakrishna Sāradā als «Mutter»; der Höhepunkt dieser Entwicklung war eine Pūjā, bei der er Sāradā rituell verehrte, wie es den Bildern und Statuen von Göttern und Göttinnen zukommt. Spätere Interpreten haben in der «Ehe» Rāmakrishnas mit Sāradā das Ideal eines Lebens in der «Welt» (in der Gesellschaft und im Familienverband) gesehen, das dennoch von der «Welt» unbefleckt, von Begehrlichkeit unberührt ist. Dieses Ideal *(gṛhastha sannyāsa)* hat Rāmakrishna auch seinen verheirateten Besuchern empfohlen, obwohl er die Schwierigkeiten, die es nahezu unerreichbar machen, sehr gut erkannte. Dieses Ideal beruht allerdings auf der

Beurteilung der geschlechtlichen Liebe als ein unausweichliches Übel, als ein unbedingtes Hindernis auf dem Weg zu einem religiösen Ziel. Von der Ehe als Sakrament, die von Gott gewollt ist und als ein Zeichen von Gottes Liebe und als positive Kraft im göttlichen Schöpfungsplan verstanden werden kann, ist bei Rāmakrishna nicht die Rede (vgl. zum Thema S. 47f, 71f, 112).

Von Anfang an hatten den Tempel von Dakshineswar viele Bettelmönche und Pilger (*sannyāsīs* und *sādhus*) besucht, die auf dem Weg zur Gangesmündung waren. Rāmakrishna hatte ihren Gesprächen gelauscht, einige waren seine Lehrer geworden. Diesen Kontakten verdankt der schulisch nahezu ungebildete Rāmakrishna die Kenntnis der heiligen Schriften und der mythologischen Erzählungen. Nach Abschluß seiner Sādhanā-Phase und Ankunft seiner Ehefrau fühlte sich Rāmakrishna vorbereitet, weiterzugeben, was er gehört, erfahren und erkannt hatte. Ihn überkam große Sehnsucht nach Schülern (vgl. S. 195); er wollte mit reinen Menschen zusammensein, er wollte von seinen Visionen und Gotteserfahrungen erzählen – er suchte seinen Ort in der Geschichte und Tradition.

Rāmakrishna besuchte (im März 1875) Keshab Chandra Sen, den Leiter des *Brāhmo-Samāj*, einer neo-hinduistischen Vereinigung, die gegen abergläubische Praktiken, Idolatrie, soziale Übel innerhalb des orthodoxen Hinduismus ankämpfte und einen monotheistischen, von Ritualismus freien Glauben vertrat; die Brāhmos sind die «Protestanten» des neuzeitlichen Hinduismus. Rāmakrishna und Keshab schlossen Freundschaft, in der sich der im englischen Bildungssystem aufgewachsene, intellektuelle Keshab, der begabte Redner und Organisator, freiwillig und voll Demut dem bäuerlich-derben Rāmakrishna unterwarf; Keshab war Zuhörer und Bewunderer und mußte auch manche Kritik an der Spiritualität des Brāhmo-Samāj einstecken. Rāmakrishna hielt den Samāj für allzu äußerlich, nüchtern. Seine Kritik hatte

allerdings auf den Brāhmo-Samāj keine formende Wirkung mehr.[6]
Keshab Chandra Sen schrieb in seiner Zeitschrift über Rāmakrishna, auf Versammlungen erwähnte er ihn empfehlend. Damit verursachte er einen Strom von städtischen Besuchern zum Tempel-Bezirk von Dakshineswar. Rāmakrishna seinerseits erschien häufig auf Brāhmo-Versammlungen. P.C. Mazoomdar beschreibt einen solchen Besuch: «Eines Morgens kam in einer klapprigen Pferdekutsche ein unordentlich ausschauender junger Mann, ungenügend gekleidet und mit einem weniger als ungenügenden Benehmen. Er wurde uns als Rāmakrishna, der Paramahamsa von Dakshineswar, vorgestellt. Seine Erscheinung war so anspruchslos und einfach, und er sprach so wenig während seiner Vorstellung, daß wir uns zunächst wenig um ihn kümmerten. Doch bald begann er sich in einem trance-ähnlichen Zustand zu unterhalten, wobei er von Zeit zu Zeit gänzlich bewußtlos wurde. Was er sagte, war jedoch so tief und schön, daß wir bald erkannten, daß er kein gewöhnlicher Mensch war ...»[7]
Derselbe Autor gibt uns eine weitere Beschreibung des Heiligen, in der sich Bewunderung und Erschrecken mischen: Rāmakrishna «ist ein Brahmane nach der Kaste, er ist von der Natur wohlgestaltet, doch die schrecklichen Askese-Übungen, die seinen Charakter entfaltet haben, haben seine Leibesorgane auf Lebenszeit in Unordnung gebracht, haben seinem Körper und seinen Gesichtszügen den Anschein von Erschöpfung gegeben, sie blaß und zusammengeschrumpft werden lassen. Trotz dieses ausgemergelten Aussehens behält sein Gesicht eine Fülle, eine kindliche Zartheit, eine tiefe sichtbare Demut, eine unaussprechliche Lieblichkeit des Ausdrucks, auch

[6] Vgl. Wilhelm Halbfass: Indien und Europa. Perspektiven ihrer geistigen Begegnung. Schwabe Verlag, Basel/Stuttgart 1981, S. 254.

[7] Sri Ramakrishna in the Eyes of Brahma and Christian Admirers. Hrsg. von Nanda Mookerjee. Firma KLM, Kalkutta 1976, S. 2 (Fußnote).

wenn er lächelt, die ich, soweit ich mich erinnern kann, in keinem anderen Gesicht gesehen habe. ... Seine Religion heißt Ekstase, seine Verehrung heißt transzendente Wahrnehmung, seine ganze Natur brennt Tag und Nacht mit dem stetigen Feuer und Fieber eines eigentümlichen Glaubens und Gefühls. Seine Gespräche sind ein ununterbrochenes Hervorbrechen dieses inneren Feuers; diese Gespräche dauern stundenlang. Während seine Gesprächspartner ermüdet sind, ist er, obwohl er schwach erscheint, so frisch wie immer.»[8]

Jene Besucher, die später seinen engen Schülerkreis bildeten, kamen erst ab Ende 1879. Sie waren heranwachsende Jungen, junge Erwachsene, die ein College besuchten oder als Angestellte in Kalkutta arbeiteten. Es gelang Rāmakrishna, sich von seinem bäuerlichen Ursprung in die britisch orientierte, städtische *bhadralok*-Gesellschaft zu emanzipieren, ohne im wesentlichen sein einfach-ungeschliffenes Benehmen und seine schlichte Sprache aufzugeben. Der *bhadralok* ist der «feine Herr» und die «vornehme Dame» – der Begriff umfaßt jenen Stand, der sich Diener hält und sich seines Prestiges durch unzählige Signale eines feudal-herrschaftlichen Verhaltens bewußt bleibt. Erwähnenswert ist, daß unter den Besuchern keine Vertreter der nationalen Bewegung waren;[9] erst sein prominentester Schüler, Swāmī Vivekānanda, brachte das Erbe Rāmakrishnas in die damals sich entfaltende Bewegung ein. Mit den Ideen des Neo-Hinduismus war er nur durch seine Beziehungen mit dem Brāhmo-Samāj verbunden; er selbst trug kaum zu diesem Gedankengut bei.[10] Rāmakrishna blieb in der Atmosphä-

[8] P.C. Mozoomdar: The Hindu Saint. In: Sri Ramakrishna in the Eyes of Brahma and Christian Admirers, a.a.O., S. 3f.

[9] Vgl. Sumit Sarkar, a.a.O., S. 32f.

[10] «Ramakrishna selbst kann kaum zu den Vertretern des Neuhinduismus gerechnet werden; durch Vivekananda wird er jedoch zum Instrument und zur Leitfigur des Neuhinduismus und seiner Auseinandersetzung mit Europa» (Wilhelm Halbfass, a.a.O., S. 259).

re, dem Denk- und Fühlkreis des traditionellen Hinduismus und seiner Gesellschaft. Mit seinen Schülern besuchte er gern *jātrās* (mythologische Volksdramen) und *kīrtana*-Veranstaltungen (Tanz- und Singprozessionen) oder die Vorstellungen der *kathaks* (Erzähler mythologischer Geschichten).

Mahendranāth Gupta, der Verfasser der Gespräche, von denen dieses Buch eine Auswahl anbietet, war ein junger Schuldirektor in Kalkutta, als ihn ein Freund nach Dakshineswar mitnahm. Das war Anfang 1882. Seitdem war er regelmäßiger Besucher in Dakshineswar und begleitete Rāmakrishna auch auf seinen recht häufigen Besuchen zu den Häusern der Verehrer Rāmakrishnas und zu berühmten Zeitgenossen. Mahendranāth Guptas Aufzeichnungen entfalten vor uns nicht nur die Fülle von Rāmakrishnas Weisheit, sie zeigen auch die Vielfalt der Besucher des Heiligen und malen ein farbiges Bild der kulturell-gesellschaftlichen Verhältnisse jener Jahre.

Am 16. August 1886 starb Rāmakrishna nach langem, leidvollem Krankenlager an Kehlkopfkrebs. Zuletzt war nur ein enger Kreis von treuen Schülern, meist jungen, unverheirateten Männern und einigen Familienvätern, bei ihm zugelassen. In dieser letzten Lebensphase verdichtete sich der Eindruck unter dem engen Schülerkreis, daß Rāmakrishna ein Avatāra sei – so wie Krishna und Rāma, jene von Millionen von Hindus seit Jahrhunderten verehrten göttlichen Gestalten der Mythologie, im Vishnuismus als Avatāras, als «Herabkunft» Gottes in diese Welt, verehrt werden. Einige Selbstaussagen Rāmakrishnas während dieser Zeit, die M. Gupta notiert hat (vgl. S. 176–178), sind Ursprung dieses Glaubens. Sie stehen im Gegensatz zu Selbstaussagen früherer Jahre, als er nicht einmal «Guru» oder «Meister» genannt werden wollte[11] und sich emphatisch als «Staub vom Staub auf den Füßen der Bhaktas» (S. 59) bezeichnete. Tatsäch-

[11] Vgl. Srī Rāmakrishna – Setze Gott keine Grenzen. S. 62f, 132.

lich ist seine Haltung zu seinen Schülern keineswegs charakteristisch für die archetypische Beziehung von Guru zu Schüler; Rāmakrishna hat zum Beispiel niemals *mantras* und Einweihung (im rituellen Sinn) gegeben, was als eine Hauptfunktion des Guru gilt. Die Mitglieder des Brāhmo-Samāj, die der Avatāra-Vorstellung generell ablehnend gegenüberstehen, haben in Rāmakrishna einen großen Heiligen gesehen, einen *paramahaṁsa* («Großen Schwan») – dessen Seele Befreiung erreicht hat und nun im Glück dieser Freiheit im Göttlichen schwebt, wie ein Schwan in der Weite des Himmelsraums. Als einer der Brāhmos, Sivanāth Sāstrī, Rāmakrishna kurz vor dessen Tod besuchte und ihm offen sein Mißbehagen darüber bekannte, daß seine Jünger ihn «als den Herrgott predigen», entgegnete Rāmakrishna lächelnd: «Stell dir vor, der Herrgott stirbt an Halskrebs. Was für große Narren diese Burschen sein müssen.»[12]

Swāmī Vivekānanda hat die «Botschaft» von Rāmakrishna bis zu seinem Tod (1902) mit großer Energie und Hingabe gepredigt und erklärt, und zwar in Indien wie auch in Europa und Amerika. Dabei beschrieb er ihn als Avatāra und stellte ihn in eine Reihe mit Rāma, Krishna, Buddha, Jesus, Chaitanya, doch wiederholte er immer wieder, vor allem vor nicht-indischem Publikum, daß der Glaube an Rāmakrishna als Avatāra keineswegs eine Bedingung für die Annahme und Verehrung Rāmakrishnas sei. In der Frühzeit des Rāmakrishna-Ordens wurde Rāmakrishnas Leben sogar dem Leben Christi als Modell nachgezeichnet; darin wird die indische Sehnsucht lebendig, jeder Handlung, jeder Lebensgeschichte einen Archetyp zuzuordnen, der dieser Handlung und dieser Lebensgeschichte Größe und Beispielhaftigkeit verleiht. Es mag auch mitgespielt haben, daß es in Gegenwart der christlichen Kolonialherren sowie angesichts der Vor-

[12] Sivanath Sastri: Ramakrishna Paramhansa. In: Sri Ramakrishna in the Eyes of Brahma and Christian Admirers. S. 25 und 26.

liebe des Brāhmo-Samāj für Jesus Christus und der Herausforderung, Rāmakrishna auch im christlich geprägten Europa und Amerika bekannt und akzeptabel zu machen, leichter war, ihn nach dem christlichen Modell zu projizieren als nach altindischen Modellen. Heute ist wohl die Zeit gekommen, Rāmakrishna als einen individuellen Heiligen, als ein individuelles Phänomen zu betrachten; dadurch verliert er keineswegs an Größe, im Gegenteil; er wird an Dichte und Komplexität gewinnen. Die heutige Rāmakrishna-Literatur beschränkt sich leider noch darauf, Rāmakrishna als einen Avatāra darzustellen, ohne Möglichkeiten einer anderen Betrachtungs- und Verehrungsweise Raum zu lassen. Die Feststellung ist insofern wichtig, als diese Dogmatisierung viele Christen abhalten wird, sich auf Rāmakrishna einzulassen. Dieser Heilige verdient es aber, ebenso wie Srī Aurobindo, Ramana Maharshi und Mahātmā Gāndhī, über einen kleinen Kreis ausschließlicher Verehrer hinaus bekannt und geschätzt zu werden.[13]

Grundzüge der Philosophie Rāmakrishnas

Rāmakrishnas Gespräche mit seinen Besuchern ergeben keine systematische Philosophie; jede Systematisierung würde den Geist von Rāmakrishnas Aussagen zerstören. Sie leben nämlich von der Situation, in die sie hineingesprochen wurden. Rāmakrishna sprach zu jedem Besucher oder jeder Besuchergruppe in einer Weise, die für ihn oder für sie angemessen und fruchtbar war. Intuitiv verstand er, auf welcher Stufe der spirituell-emotionalen Entwicklung ein Besucher stand, um ihn dann im Kontext seines gegenwärtigen Entwicklungszustandes anzusprechen und zu inspirieren. Weiterhin hingen die Aussa-

[13] Vgl. Martin Kämpchen: Sri Ramakrishna Can be Appreciated in the West. In: Southern Chronicle (Kottayam/Indien) 8/1987.

gen, die er machte, stark von seiner eigenen augenblicklichen Stimmung ab. Der Versuch einer systematischen Darstellung würde also unweigerlich nicht das gesamte Spektrum der Aussagen erfassen und offensichtliche Widersprüche und die Akzentveränderungen von einer Gesprächssituation zur anderen glätten und damit die Aussagen verfälschen. Bei aller kindlichen Einfachheit war Rāmakrishna ein äußerst komplexer Mensch.

In diesen Gesprächen mischen sich Bruchstücke aus dem Saktismus (dem Kult um die Muttergottheit Kālī), dem Vishnuismus (Krishna-Verehrung) und der Vedānta-Philosophie (vor allem aus dem Advaita-Vedānta). Der rote Faden durch diese Katholizität der religiösen Annahme ist seine *Kālī-Bhakti*. Mit seiner Verehrung für Kālī begann Rāmakrishna seine religiöse Laufbahn – und er blieb der «Mā» (Mutter) bis zu seinem Tod treu. Auch nachdem ihn Totāpurī in den strengen Monismus eingeführt und ihm die Erfahrung des eigenschaftslosen Göttlichen *(brahman)* vermittelt hatte, kehrte er zu Kālī zurück, die er gelegentlich mit Brahman gleichsetzte. Charakteristisch für Rāmakrishna sind die ständig neuen, schöpferischen Versuche, die verschiedenen persönlichen Gottheiten und ihre Kulte sowie die daraus resultierenden Theologien zu synkretisieren. Er rettete sich vor einer verflachenden Zusammenschau, indem er niemals dogmatisch sprach, die Zusammenschau immer neu und ein wenig anders beschrieb, mit neuen Parabeln, Bildern, Wendungen zugänglich machte. Es waren Visionen dieses einen Augenblicks, keine dogmatischen Lehrsätze. Rāmakrishna bleibt flexibel, mystisch und mystagogisch, auf inspirierte Weise paradox.

Seinen Schülern stellte er frei, ob sie seine Liebe zu Kālī übernehmen oder nicht; entschiedener war er in seiner Empfehlung von Bhakti, der emotionalen Liebe zu einem persönlichen Gott. Der Bhakti-Mārga (Bhakti-Weg zu Gott) wurde von Rāmakrishna gegenüber Jñāna- und Karma-Mārga entschieden bevorzugt und empfohlen.

Für Rāmakrishna war Bhakti die emotional-liebende Beschäftigung mit der erwählten Gottheit durch Singen von Litaneien, Kīrtans, Meditation in Abgeschiedenheit und durch Gemeinschaft mit Mönchen und anderen Bhaktas.[14] Rāmakrishna empfiehlt, sich so weit wie möglich von der «Welt» – der Familie, der Gesellschaft, dem Berufsleben – fernzuhalten, um genügend Zeit und geistige Sammlung auf die Bhakti-Pflege verwenden zu können. Ziel ist die Vernarrtheit in Gott, bei der der ordnende Verstand, «weltliche» Sorgen und Handlungen, gesellschaftliche Konventionen zeitweise abfallen und dieses Hineingerissensein in Gott bleibt. Mit anderen Worten: Rāmakrishna predigt sein ekstatisches Temperament. Otto Wolff nennt diesen Zustand Rāmakrishnas, in Anlehnung an Vorbilder in der Religionsgeschichte, «prophetische Besessenheit».[15]

Jñāna-Mārga und Karma-Mārga lassen eine solche Gott-Vernarrtheit nicht zu. Der Jñāna-Weg verlangt rationales Nachdenken über Gott und eine durch Willensanstrengung eingeübte Versenkung in Brahman; Karma-Mārga ist der Weg zu Gott mit Hilfe von Riten, der Erfüllung jener Pflichten, die Kaste und Religion einem Menschen auferlegen, und mit Hilfe von selbstlosem Handeln *(niṣkāmḍ-karma)* unter Menschen. Jñāna-Mārga war für den Gottesnarren zu trocken; zudem erfordert er ein Maß an Askese, das die Menschen im gegenwärtigen «dunklen Zeitalter» (Kali-Yuga) nicht aufbrächten. Karma-Mārga nannte Rāmakrishna zu langwierig, was den rituellen Teil angeht, und zu gefahrvoll, was selbstloses Handeln betrifft. Selbstlosigkeit sei ein geradezu unerreichbares Ideal – die Ichsucht werde unterdrückt, aber irgendwann komme sie wieder zum Vorschein (wie ein Kork, der an die Wasseroberfläche schnellt, sobald man nicht mehr die Hand darüber hält). Rāmakrishna wollte selbstloses Han-

14 Vgl. Srī Rāmakrishna – Setze Gott keine Grenzen. S. 36f.
15 Otto Wolff: Indiens Beitrag zum neuen Menschenbild. S. 23.

deln unter Menschen nur zulassen, nachdem der Gottsucher sein spirituelles Ziel durch Bhakti-Yoga erreicht hat. Dieses Ziel lautet *samādhi*, die unmittelbare Innewerdung Gottes in der Versenkung oder Ekstase; Rāmakrishna gebrauchte auch die Termini *darśana* («Schau Gottes») und «Gott erreichen», «Gott bekommen».
Nachfolgende Generationen von großen indischen Persönlichkeiten werden Rāmakrishnas Definition von Bhakti ausweiten und den Bedürfnissen unserer heutigen Zeit anpassen. Ich denke vor allem an Mahātmā Gāndhī, der in seiner Interpretation der Bhagavad-Gītā die traditionelle Vorstellung von Bhakti-Yoga angreift, wenn er sich beklagt, daß Bhakti nur als «Rosenkranz-Beten und dergleichen [verstanden wird], wobei man sogar verabscheut, einen Liebesdienst zu tun, weil er das Rosenkranz-Beten und dergleichen unterbrechen könnte. Diese Bhakti verläßt den Rosenkranz nur für Essen und Trinken und Ähnliches, niemals aber um Getreide zu mahlen oder einen Kranken zu pflegen...»[16] Bezeichnenderweise nannte sich Gāndhī einen Bhakti-Yogī, nicht einen Karma-Yogī. Der Wechsel von traditioneller Bhakti zu einer Bhakti, die auch die Liebe zu den Menschen integriert, wurde zuerst von Swāmī Vivekānanda vollzogen. Nicht ohne Kampf setzte er sein aktives Bhakti-Ideal im Rāmakrishna-Orden durch. Er berief sich dabei auf Worte von Rāmakrishna, was gewiß – bei aller spontan-unsystematischen Sprechweise des Heiligen – möglich gewesen ist. Unverkennbar ist jedoch bei Rāmakrishna die Tendenz gegen karitative Hilfe.[17]
Eine generelle Ablehnung des liebenden Dienstes an den Menschen ist für einen Christen unnachvollziehbar; doch Rāmakrishnas Mahnungen zur Vorsicht, zur Zurückhaltung sind für die zum Aktivismus neigenden Christen

[16] Zitiert nach Sumit Sarkar, a.a.O., S. 94.

[17] Vgl. Srī Rāmakrishna – Setze Gott keine Grenzen. S. 64–66, 108f; zum Thema «Die Menschen belehren» vgl. S. 62–64, 80f.

sehr nachdenkenswert. Auch die Bedenken, die Rāmakrishna bezüglich des modernen Drangs, «die Menschen zu belehren», ausspricht, sind Pflichtlektüre für uns Christen, die wir gern die kontemplative Basis unseres Glaubenslebens außer acht lassen und infolgedessen in unserem Dienst unter Menschen unserer Unausgeglichenheit erliegen.
Philosophische Grundlage von Rāmakrishnas Mißtrauen gegenüber karitativem Dienst ist die Spaltung von und Entfernung zwischen der «Gott»-Sphäre und der «Welt»-Sphäre. Gott *(brahman, īśvara̸, bhagabāna̸)* und Welt *(saṁsāra̸, māyā)* gelten als ontologisch radikal verschieden: Gott ist wahr, wirklich *(sat)*, ewig *(nitya)*, die Welt ist (im Vergleich zu Gott) unwahr, unwirklich *(asat)*, vergänglich *(anitya)*. Daraus entwickelt sich die Spiritualität der Welt-Entsagung, die für Mönche *(sannyāsīs, sādhus)* gilt; «Welt-Menschen» *(saṁsārīs)* sind im Vergleich zu ihnen noch nicht reif zur Entsagung und müssen – in diesem Leben – gegen ihre Leidenschaften, vor allem gegen «Sinnenfreude und Besitzgier» *(kāminī-kāñcana̸)* kämpfen. Sie heiraten, gründen eine Familie, erziehen Kinder, üben einen Beruf aus. Rāmakrishna hat seinen vielen verheirateten Besuchern und Vertrauten – der Protokollant dieser Gespräche ist selbst Ehemann und Vater gewesen – immer wieder beteuert, daß auch sie «Gott erreichen» können, aber eben, indem sie vom Eheleben Abstand nehmen, so weit wie möglich enthaltsam leben, die Einsamkeit suchen und nur die nötigsten häuslichen Pflichten erfüllen. Hinter diesen Weisungen steht natürlich auch Rāmakrishnas Erfahrung, daß die Gott-Vernarrtheit – das Ziel der Bhakti-Übung – unvereinbar ist mit einem geordneten Familienleben.
Die Gott-Welt-Trennung – und also auch die monastische Welt-Entsagung – ist bei Rāmakrishna jedoch niemals starr und dogmatisch. Es gibt Ausnahmen, darf und muß sie geben; es gibt Situationen, bei denen dem Gottsucher mehr geholfen ist, wenn er die «Welt» sucht, als wenn er

ihr fern bliebe. Auch in der vorliegenden Textauswahl finden wir Beispiele einer Gott-Welt-Durchdringung – etwa wenn der Heilige Brahman und Sakti, Purusa und Prakriti gleichsetzt (vgl. S. 76–78), und noch beeindrukkender, wenn er von einem «Leib aus göttlichem Bewußtsein» und einem «Körper der Liebe» (S. 131) spricht, den ein Gottsucher nach der Gottesschau empfängt. Wollte man Rāmakrishna philosophisch einordnen, könnte man ihm in etwa die Position des Viśiṣṭādvaita (des Rāmānuja) zusprechen, bei dem sich Welt und Gott und Lebewesen teilweise durchdringen und teilweise voneinander unabhängig bleiben.[18]
Rāmakrishna gelang es, bei der Komplexität der Trennung und Durchdringung von Gott- und Welt-Sphären spirituell fruchtbare Entscheidungen für sich und andere zu fällen, indem er sich auf seine *Kindlichkeit* verließ: Er wurde ganz und gar Kind der Mutter; und diese Mutter-Funktion hatte vor allem Kālī inne, hatten aber auch weibliche Besucher sowie allgemein Besucher, selbst junge. Kindlichkeit zu erwerben gehört zu seinen erklärten Bhakti-Zielen – denn «Gott selbst ist ein kleiner Junge»! Kindlichkeit vertrug sich gut mit seiner Gott-Vernarrtheit, ist beiden doch Spontaneität, Unberechenbarkeit, die Herrschaft des Gefühls über den Verstand, Unkonventionalität im gesellschaftlichen Verhalten gemeinsam. Wie ein Kind, dem die Mutter von Schritt zu Schritt sagt, wohin es gehen soll, das in seiner Kindlichkeit schuldlos und unfehlbar ist, so hat Rāmakrishna die komplexen Situationen seines Lebens bis hin zu seinem schweren Todesleiden gemeistert (vgl. S. 80–82, 92, 101). Christlichen Lesern fällt dabei die biblische Weisung «Werdet wie die Kinder!» ein.

[18] Dieser Vorschlag stammt von Swāmī Prabhānanda, Belur Math.

Śrīśrī Rāmakṛṣṇa Kathāmṛta

Mahendranāth Gupta (1854–1932)[19] wurde in Kalkutta geboren und verbrachte sein ganzes Leben dort. Er studierte englische Literatur, Geschichte, Wirtschaftswissenschaft, westliche Philosophie und Jura sowie Sanskrit und indische Religionswissenschaft. Nach dem Studium wurde er Schuldirektor. Nacheinander nahm er an neun Schulen in Kalkutta diese Position ein. Sein Schuldienst wurde nur von längeren Wallfahrten unterbrochen. In den Schulen unterrichtete er Englisch, Philosophie, Geschichte und Wirtschaftswissenschaft. Er gehörte zu der modernen Bildungselite der Großstadt. Als er im Februar 1882 zum ersten Mal Rāmakrishna in Dakshineswar aufsuchte, war er 27 Jahre alt, hatte gerade sein Studium beendet und seine erste Anstellung bekommen. Er war verheiratet, hatte Kinder und lebte in einer Großfamilie. Die erste Begegnung mit dem Heiligen fiel in die Zeit einer schweren persönlichen Krise. Mahendranāth konnte die Spannungen und Streitigkeiten innerhalb der Großfamilie nicht länger ertragen; er verließ das Haus und dachte daran, sein Leben zu beenden. Eine Nacht verbrachte er bei seiner Schwester, am nächsten Tag, einem Sonntag, wanderte er in deprimierter Stimmung zusammen mit seinem Neffen durch die nördlichen Vororte Kalkuttas, wobei sie auch den Garten des Tempels von Dakshineswar betraten. Jemand zeigte ihnen Rāmakrishnas Zimmer, und die erste Begegnung fand statt. Von ihr berichtet Mahendranāth zu Beginn seines Tagebuchs.[20] Nach wenigen Tagen kehrte er zurück, und damit begann für Mahendranāth eine einschneidende

[19] Die Angaben zu diesem Kapitel stammen zum Teil aus dem Aufsatz von Swāmī Tapasyānanda: Mahendranath Gupta, the Recorder of the Gospel of Sri Ramakrishna. In: Sri Sri Ramakrishna Kathamrita. Centenary Memorial. S. 3–14.

[20] Vgl. Srī Rāmakrishna – Setze Gott keine Grenzen. S. 29–31.

Mahendranāth Gupta, der Verfasser
von Rāmakrishnas Gesprächen,
im Alter von etwa 50 Jahren.

Lebensveränderung. Seitdem verbrachte er die Sonn- und Ferientage in Dakshineswar, veranlaßte viele seiner Schüler und Bekannten, Rāmakrishna zu besuchen, und wurde ein enger Vertrauter. Er war etwa ein Jahrzehnt älter als Narendranāth Datta (der spätere Swāmī Vivekānanda) und die meisten anderen Jungen, die zum engen Kreis um den Paramahamsa gehörten, und hatte im Gegensatz zu ihnen bereits eine geachtete gesellschaftliche Stellung. In Dakshineswar nannte man Mahendranāth Gupta darum, wie in seiner Schule, *māṣṭār* (vom engl. «Master» = «Herr Lehrer») oder noch respektvoller *māṣṭār mahāśayḍ*. Über die Jüngeren gewann er vertrauensvolle Autorität, die den Tod Rāmakrishnas überdauerte.

Seit seiner Jugend schrieb Mahendranāth Tagebuch. Auch über seine Begegnungen mit Rāmakrishna machte er sich, von der ersten angefangen, Notizen; ohne daß jemand davon zu Lebzeiten Rāmakrishnas erfuhr (außer wohl Rāmakrishna selbst), notierte sich Mahendranāth nach jedem Besuch in Dakshineswar sogleich die wichtigen Punkte der Unterhaltung in Stichworten, hielt das Datum und die Namen der Anwesenden fest. Er dachte nicht daran, diese Gespräche später zu veröffentlichen, denn nach Rāmakrishnas Tod zögerte er zehn Jahre, bis er die ersten Gespräche ausführte und drucken ließ. 1897 brachte Mahendranāth, darin von Sāradā bestärkt, zwei englischsprachige Broschüren mit Exzerpten aus den Gesprächen Rāmakrishnas heraus; sie hießen «The Gospel of Ramakrishna», in Anlehnung an die Evangelien der Bibel. Mahendranāth Gupta hatte seine bengalischen Manuskripte zunächst auf Versammlungen von Schülern und Verehrern Rāmakrishnas vorgelesen, auch Sāradā hatte sie sich vorlesen lassen. Sie fanden so starken Anklang, daß sich der scheue Mahendranāth zur Veröffentlichung entschloß. Die Manuskripte wurden zunächst in englischer Übersetzung veröffentlicht, offenbar um Rāmakrishna außerhalb Bengalens bekanntzumachen und um damit die gerade beginnende Missionsarbeit Swāmī Vivekānandas und einiger seiner Brudermönche in Amerika und England zu unterstützen. Gleichzeitig erschienen Teile der Manuskripte in bengalischen Zeitschriften. Sie wurden gesammelt und zum ersten Band des *Śrīśrī Rāmakṛṣṇa Kathāmṛta* vereinigt (1902). Er gibt einen Querschnitt aus allen vier Jahren (1882–1886), angefangen vom ersten Besuch bis kurz vor Rāmakrishnas Tod. Der Band wurde, wie alle späteren, anonym veröffentlicht, nur mit dem Anfangsbuchstaben des Autorennamens, M., versehen. Auch in den Gesprächen verdeckte er seine Identität, während er die Identität der meisten anderen offenlegte, indem er sich nur «Māstār» nannte, oder auch Mani, Mohinī, Mohan.[21]

Swāmī Vivekānandas Reaktion auf die beiden Broschüren war enthusiastisch. Nach Lektüre der ersten schrieb er aus Rāwālpindi an Mahendranāth (der Brief ist auch charakteristisch für Vivekānandas Temperament): «Lieber M., ... jetzt tust Du genau das Richtige. Los, Mensch. Verschlaf nicht Dein ganzes Leben. Die Zeit fliegt. Bravo! Die Richtung stimmt. ...»[22] Zur zweiten Broschüre schrieb er aus Dehrā Dūn: «Sie ist wirklich wunderbar... Noch nie ist das Leben eines großen Lehrers ganz unbeeinflußt von der Person des Autors an die Öffentlichkeit gebracht worden, wie Du es tust. Auch die Sprache ist über alles Lob erhaben, [sie ist] so frisch, so treffend und obendrein so einfach und leicht. ... Unser Lehrer und Herr war so originell, und jeder von uns muß originell sein, oder [er ist] nichts. Ich verstehe nun, warum niemand von uns bisher versucht hat, seine Biographie zu schreiben. Das blieb Dir vorbehalten, dieses große Werk. Er ist offenbar an Deiner Seite.»[23]

Diese und ähnliche Worte der Zustimmung haben Ma-

21 Viele Angaben in diesem Abschnitt verdanke ich Swāmī Prabhānanda.

22 M.: The Condensed Gospel of Sri Ramakrishna. S.vii.

23 Ebd. S.viii.

hendranāth dazu veranlaßt, in kurzen Zeitabständen drei weitere Bände des «Kathāmrita» herauszubringen (1905, 1907, 1910). Jeder brachte neue Querschnitte aus den Jahren 1882 bis 1886. Der letzte, fünfte Band erschien erst 1932, kurz vor dem Tod des Autors. Seine Notizbücher enthalten zahlreiche unausgeführte Gesprächsprotokolle, die Mahendranāth entweder nicht veröffentlichen wollte oder die er – wegen der langen Zeitspanne zwischen Gespräch und Niederschrift – nicht mehr ausführen konnte. Schon im vierten und fünften Band zeigt sich eine Verminderung des Erinnerungsvermögens.
1907 hat Mahendranāth selbst die Veröffentlichung einer englischen Version des «Kathāmrita» fortgesetzt: Er brachte eine kompakte «Gospel of Ramakrishna» heraus, die freilich keine wörtliche Übersetzung der bengalischen Bände war, sondern eher ein unabhängiges Schriftstück zum selben Thema und unmittelbar aus den Tagebuchnotizen schöpfend.[24] Auch das Buch «Ramakrishna Kathamrita and Ramakrishna. Memoirs of Ramakrishna» von Swāmī Abhedānanda beruht auf Mahendranāth Guptas englischer Version, wenn sich auch die Sprache von Abhedānanda (der viele Jahre in den USA gelebt und gelehrt hat) stark von der Mahendranāths unterscheidet. Diese beiden Bücher fanden außerhalb von Bengalen Verbreitung, bis im Jahr 1942 die vollständige englische Übersetzung aller fünf Originalbände des «Kathāmrita» unter dem Titel «The Gospel of Sri Ramakrishna» erschien; die Übersetzung war das Werk von Swāmī Nikhilānanda, der jahrzehntelang in New York wirkte. Bis heute bestimmt dieser tausendseitige Band das Bild Rāmakrishnas außerhalb von Bengalen, insofern als diese Übersetzung auch Grundlage für Übersetzungen in andere europäische Sprachen, zum Beispiel ins Deutsche, wurde.
Nikhilānandas Werk ist fulminant; mit Recht hat es weite

[24] Vgl. ebd. S.xii.

Verbreitung. Dennoch ist es nur eine vorläufige englische Übersetzung, die früher oder später durch eine genaue, philologischen Ansprüchen genügende Übersetzung ersetzt werden muß. Seine (englische) Sprache ist im Vergleich zum Original farblos, verflachend, hölzern. Der Übersetzer redigiert den Originaltext in der Übersetzung nach Gutdünken, ohne darüber Rechenschaft zu geben. Oft fügt er ganze Sätze zur Erklärung hinzu, an anderen Stellen läßt er Sätze, manchmal ganze Absätze, aus, entweder um beschreibende Passagen abzukürzen oder um die derbe Sprache Rāmakrishnas zu mildern und «anzügliche» Anspielungen auf die fäkale Sphäre zu unterdrükken. Es fehlen Fußnoten zur Erklärung von zahlreichen Situationen des bengalischen Alltags, die ein Leser außerhalb Indiens nicht verstehen kann.

Zu diesem Buch

Nach und nach müssen Übersetzungen, die Nikhilānandas englische Übertragung zugrunde legten, Direktübersetzungen aus dem Bengalischen weichen. Der vorliegende Band ist die Fortsetzung meiner Bemühung in dieser Richtung. Der erste Band einer Direktübersetzung aus dem Bengalischen erschien unter dem Titel «Srī Rāmakrishna – Setze Gott keine Grenzen. Gespräche des indischen Heiligen mit seinen Schülern» 1984 im Herder Verlag Freiburg. Er enthält eine repräsentative Auswahl aus dem ersten Band des «Kathāmrita» aus dem Jahr 1902. Das vorliegende Buch schließt sich mit einer Auswahl aus dem zweiten und dritten Band der bengalischen Originalausgabe an. Diese Auswahl ist darum bemüht, Material, das bereits in «Setze Gott keine Grenzen» erschien, nicht zu wiederholen; auch innerhalb des vorliegenden Bandes wurden, soweit wie gerechtfertigt, Wiederholungen weggelassen. Der Autor leitete gern seine Tagesprotokolle mit einer Beschreibung der Natur

oder Tagesstimmung oder der Jahreszeit ein; diese Beschreibungen sind auf konventionelle Weise literarischen Vorbildern nachgeahmt und darum stark mit Sanskrit-Vokabular durchsetzt, was im Gegensatz zur urtümlich-kraftvollen Sprache Rāmakrishnas steht. Ich habe diese Beschreibungen fast überall weggelassen. Rāmakrishnas knappe, sentenzenartige Redeweise, die die Fähigkeit der bengalischen Sprache zur Kürze maximal ausnutzt, ist eine Herausforderung an jeden Übersetzer. Durch größtmögliche Wörtlichkeit versuchte ich etwas von dem «Geschmack» dieses Sprachduktus ins Deutsche hinüberzunehmen. Im übrigen ist die Übersetzung um genaue philologische Richtigkeit bemüht.
In *eckigen Klammern* stehen Zusätze des Übersetzers, die zum Verständnis des Zusammenhangs unerläßlich sind. Darüber hinaus erklären *Fußnoten* Einzelheiten des alltäglichen Lebens in Bengalen sowie komplexe Begriffe, die nicht mit *einer* deutschen Vokabel übersetzt werden konnten. Bei oft wiederkehrenden, zentralen Begriffen steht hinter dem deutschen Übersetzungswort der bengalische Orginalbegriff in *runden Klammern*. Häufig wurde er danach, falls er als genügend bekannt vorausgesetzt werden konnte, in den Text in eingedeutschter Schreibweise übernommen. Diese Klammerhinweise auf das Original sollen insbesondere jenen helfen, die in die indische Philosophie bereits eingelesen sind und darum mit dem philosophischen Vokabular umgehen können. Unter Eindeutschung der Schreibweise verstehe ich: Verzicht auf diakritische Zeichen mit Ausnahme der Längen- und Nasalierungszeichen, Rückführung der bengalischen Schreibweise auf die uns bekanntere Sanskrit-Schreibweise. So wird z.B. *abatāra⃒* zu «Avatāra». Das *Glossar* am Ende des Buches gibt Auskunft über die Bedeutungsvielfalt der bengalischen Begriffe; es geht übrigens nicht streng alphabetisch vor, sondern behandelt sprachlich oder thematisch zusammenhängende Begriffe gemeinsam. So findet man z.B. *bijñāna* unter dem Grundwort

jñāna. Das Glossar ist nach der bengalischen Schreibweise angelegt, doch steht die Sanskrit-Schreibweise jeweils in Klammern hinter jedem Begriff. Auch das Glossar der Namen erläutert zusammenhängende Namen in Gruppen. Bei Personennamen (etwa den Schülern und Besuchern Rāmakrishnas) habe ich die bengalische Schreibweise bevorzugt (Bijay statt Vijay), bei Namen von bekannten Personen (die uns auch in anderen Büchern begegnen können) habe ich die geläufige Sanskrit-Schreibweise gebraucht (Vivekānanda statt Bibekānanda). Das gleiche gilt für Ortsnamen, Namen von Gottheiten usw.: Sie sind, von wenigen Ausnahmen abgesehen, in der Sanskrit-Schreibweise.
Zur *Schreibweise und Aussprache* der bengalischen Wörter genügen folgende Regeln: die v-Laute werden zu b; im Gegensatz zum Sanskrit ist ein auslautendes -a meist stumm (a̸); alle drei s-Laute (ś, ṣ, s) werden etwa wie ein deutsches sch ausgesprochen; die a-Laute spricht man wie ein offenes o (wie in offen), die verlängerten ā-Laute dagegen wie ein deutsches a (wie in malen).
In den *Kommentaren*, die vielen Kapiteln vorangehen, beschränke ich mich auf die philosophische und religiöse Exegese und füge allenfalls einige Erklärungen zu Rāmakrishnas Leben hinzu.
Mahendranāth Gupta nennt Rāmakrishna häufig *ṭhākur*, was so viel wie «ehrwürdiger Herr» (im allgemeinen auf Brahmanen bezogen) heißt, aber auch, bei einer Anrufung, «Herrgott», «Heiland» bedeutet. Wir bleiben in der Übersetzung uniform bei «Srī Rāmakrishna» (wobei «Srī» eine Respektbezeugung ist). Mahendranāth bezeichnete sich in dem «Kathāmrita» als «Māstār» oder Mani usw., wir identifizieren ihn in dieser Übersetzung (darin Nikhilānandas englischer Übersetzung folgend) nur mit seinem Autorennamen «M.» oder mit «Mani».

Dieser Band ist, wie der erste, meinem verehrten brüderlichen Freund, Swāmī Āsaktānanda, Direktor des Rāmakrishna Mission Āshrama von Narendrapur, südlich von Kalkutta, in Dankbarkeit gewidmet. Sein Āshrama ist für mich seit vielen Jahren eine Stätte der Zuflucht und geistigen Erholung. Dem Swāmī verdanke ich auch die Bereitstellung der Fotos und bengalischen Kalligraphien. Mit meinem langjährigen Bengalisch-Tutor, Srī Madan Mazumdar, M.A., habe ich über mehrere Jahre hinweg die Originaltexte gelesen und die Auswahl für diesen Band getroffen. Prof. Pranab Ranjan Ghosh (Universität Kalkutta) gab mir wichtige Hinweise zur Exegese in den Kommentaren. Dr. Rahul Peter Das (Universität Hamburg) hat, wie schon beim ersten Band, meine Übersetzung Wort für Wort mit dem Original verglichen und zahlreiche Korrekturen und Änderungsvorschläge notiert; für diese mühselige und äußerst gewissenhafte Arbeit danke ich ihm besonders herzlich.

ঈশ্বরেতে সর্বদা মন রাখবে।

Halte dein Denken und Fühlen
immer auf Gott gerichtet.

বালকের মত বিশ্বাস !
বালক মাকে দেখবার জন্য যেমন ব্যাকুল হয়,
সেই ব্যাকুলতা !
এই ব্যাকুলতা হল তো অরুন উদয় হল।

Der Glaube eines kleinen Jungen!
Sehnsüchtig sein wie ein Kind
nach seiner Mutter – *diese* Sehnsucht!

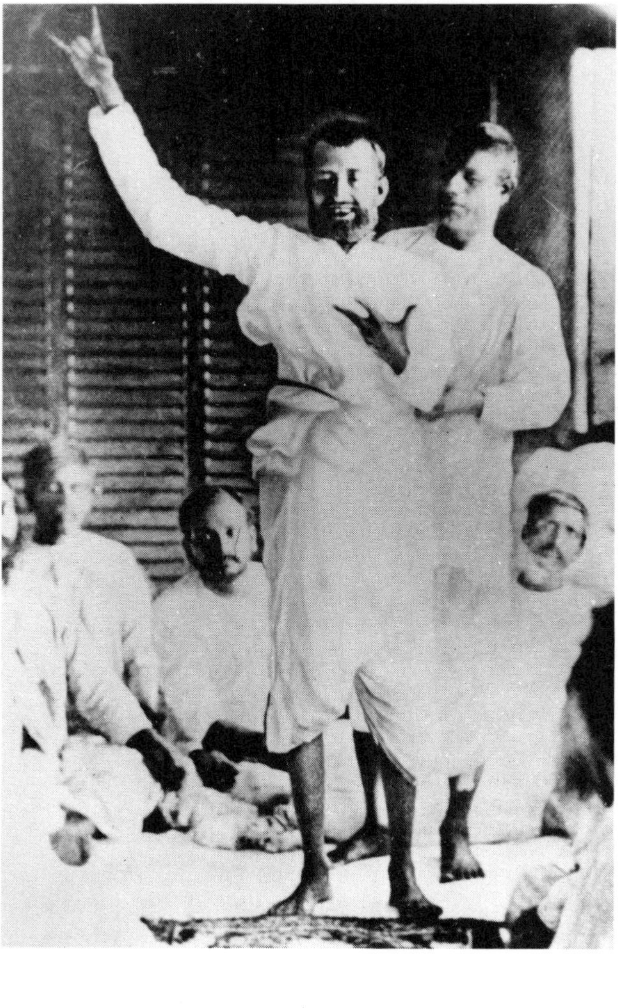

Rāmakrishna in Ekstase. Hriday stützt ihn,
damit er nicht fällt,
während andere Besucher zuschauen.

Texte

Gelehrsamkeit ohne Entsagung ist sinnlos

Durch Rāmakrishnas Gespräche geht ein anti-intellektueller Zug. Damit wendet er sich gegen die «Schriftgelehrten» des Hinduismus, die das Wissen der heiligen Schriften vermitteln, ohne sie selbst zu verstehen. Zum Verständnis gehört nicht nur Buch-Gelehrsamkeit, sondern dazu gehören Meditation, asketische Übungen und Lebenserfahrung. Nur mit ihrer Hilfe kann sich rationales Bescheid-Wissen in geistige Einsicht umwandeln und ein Leben prägen. Mit der Parabel über den Schwachkopf Padmalochan macht sich Rāmakrishna über die Gelehrten lustig. Ihre Worte sind wie das bho-bho *der Seeschneckenhörner in einem leeren Tempel, während doch die langgezogenen Töne der Seeschneckenhörner Verkündigung der Anwesenheit Gottes beim rituellen Gottesdienst sein sollen.*

Srī Rāmakrishna: Was hat man von Gelehrsamkeit und Vorträgen, wenn sie nicht Unterscheidungsgabe *(bibeka)* und Entsagung *(bairāgya)* bringen. Gott ist wahr, alles andere ist nicht-ewig *(anitya)*; er ist wesentlich, alles andere ist un-wesentlich; das ist Unterscheidung.

Stelle ihn zunächst im Tempel deines Herzens auf. Danach halte Vorträge, Reden, wenn du willst. Was hat man davon, nur «Brahman, Brahman» zu sagen, wenn Unterscheidung und Entsagung fehlen? Das ist wie der hohle Ton der Seeschneckenhörner.

In einem Dorf wohnte ein Bursche namens Padmalochan. Die Leute riefen ihn gewöhnlich «Podo, Podo». Im Dorf war ein verfallener Tempel. Im Innern war kein Gottesbild. Neben dem Tempel wuchsen *aśvattha*-Bäume und andere. Im Tempel wohnten Fledermäuse.

Auf dem Fußboden lagen Staub und der Kot der Fledermäuse. Niemand besuchte den Tempel mehr. Eines Tages, ein wenig nach Einbruch der Dämmerung, hörten die Leute des Dorfes den Laut des Seeschneckenhorns. *Bho-bho* kam aus der Richtung des Tempels der Laut des Seeschneckenhorns. Die Leute des Dorfes glaubten, vielleicht hat jemand ein Gottesbild aufgestellt und nach der Dämmerung feiert jemand *ārati*. Jung und alt, Mann und Frau, alle rannten zum Tempel hin. Sie wollten das Gottesbild schauen und *ārati* miterleben. Einer von ihnen öffnete vorsichtig die Tür des Tempels und sah, wie Padmalochan auf einer Seite stand und *bho-bho* ein Seechneckenhorn blies. Kein Gottesbild war aufgestellt, der Tempel war nicht gefegt, der Kot der Fledermäuse lag herum. Dann schrie er aufgebracht [zu Padmalochan]:

«Im Tempel hast du Krishna nicht aufgestellt!
Verwirrung stiftest du mit deinen Tönen!
Tag und Nacht halten elf Fledermäuse Wacht!»

Wenn du im Tempel des Herzens Krishna aufstellen willst, wenn du Gott erreichen willst, was nutzt es da, nur *bho-bho* ein Seeschneckenhorn zu blasen! Zuerst läutere Denken und Fühlen. Wenn der Geist *(manaḥ)* rein geworden ist, kommt der Herrgott und läßt sich auf dem heiligen Sitzplatz nieder. Wenn der Kot der Fledermäuse herumliegt, kann man Krishna nicht hereinbringen. Die elf Fledermäuse sind die elf Sinnesorgane – fünf Organe der Wahrnehmung, fünf Organe des Handelns und das Denken. Stelle erst Krishna auf, dann halte, wenn du willst, Vorträge!

Zuerst tauch tief und fördere den Edelstein zutage – danach andere Arbeit.

Niemand will tief tauchen. Keine geistigen Übungen *(sādhanā)* und religiösen Lieder, keine Unterscheidungsgabe und Entsagung; zwei-drei Worte lernen – schon Vorträge!

Menschen zu belehren, ist schwierig. Wenn jemand

nach der Schau Gottes *(darśana)* seinen Befehl erhält, dann kann er Menschen belehren.

Die Angst des Gottsuchers vor dem Familienleben

Für Rāmakrishna ist kāminī-kāñcana *(«Frau» und «Geld») der Inbegriff eines «weltlichen», das heißt unspirituellen Lebens. Ich habe den Begriff durchgehend mit «Sinnenfreude und Besitzgier» wiedergegeben, weil sich Rāmakrishna nicht gegen Frauen an sich wendet – er verehrte sein Leben lang die Muttergottheit Kālī – sondern gegen die Begehrlichkeit, deren Objekt die Frau ist. Die Sinnenfreude wird auch in ihrer geordneten, ins Eheleben integrierten Form nicht gutgeheißen, weil sie auch dann die Suche nach Gott behindere. In dieser Situation bleibt Eheleuten nichts anderes übrig, als, soweit wie möglich, dem ehelichen Leben zu entsagen; das bedeutet nicht notwendigerweise, daß die Eheleute getrennt leben und die Familie zerbricht. Von den seelischen Konflikten, die eine solche Forderung nach Abstinenz mit sich bringt, ist der folgende Abschnitt ein Beispiel.*

Srī Rāmakrishna sagte immer wieder: «Ohne Unterscheidungsgabe und Entsagung kann niemand Gott erreichen.» Mani hatte geheiratet; darum war er ängstlich besorgt, was nun geschehen werde. Er war 28 Jahre alt, hatte im College studiert und etwas Englisch gelernt. Er war besorgt zu wissen, ob Unterscheidungsgabe und Entsagung verlangen, Sinnenfreude und Besitzgier *(kāminī-kāñcana)* aufzugeben.

MANI (zu Srī Rāmakrishna): Wenn die Ehefrau sagt: «Du sorgst nicht für mich, ich bringe mich um.» Was dann?

SRĪ RĀMAKRISHNA (mit ernster Stimme): Verlaß eine Frau, die dir Hindernisse auf den Weg zu Gott legt.

Mag sie sich umbringen und sonst noch tun, was sie will. «Eine Frau, die auf den Weg zu Gott ein Hindernis legt, ist eine gemeine Frau.»

In tiefem Grübeln versunken, stand Mani gegen die Wand gelehnt an einer Zimmerseite. Narendra und die anderen Bhaktas blieben eine Weile sprachlos. Srī Rāmakrishna unterhielt sich mit ihnen ein wenig. Plötzlich näherte er sich Mani und flüsterte ihm heimlich zu: «Doch wer inbrünstige Bhakti zu Gott hat, der bringt alle in seine Macht – Könige, böse Menschen, seine Ehefrau. Wenn du selbst inbrünstige Bhakti hast, kann deine Frau auch allmählich den Weg zu Gott einschlagen. Wenn du selbst gut bist, ist es ihr auch möglich, mit Gottes Willen, gut zu sein.»
Auf das Feuer von Manis Grübeln fiel Wasser. Die ganze Zeit hatte er überlegt: Bringt sie sich um, so laß sie; was soll ich dagegen unternehmen?

Mani (zu Srī Rāmakrishna): Ich habe große Angst vor dem Familienleben *(saṁsāra)*.

Srī Rāmakrishna (zu Mani, Narendra und anderen): Darum hat Chaitanya gesagt:

«Hör, Bruder Nityānanda, höre,
kein Entrinnen vom Familienleben gibt's,
ich schwöre.»

(Zu Mani heimlich:) Hast du keine reine Bhakti zu Gott, dann gibt's kein Entrinnen. Wer ein Familienleben führt, nachdem er Gott erreicht hat, der braucht keine Furcht zu haben. Wenn jemand von Zeit zu Zeit einsam religiöse Übungen *(sādhanā)* verrichtet und dabei reine Bhakti erreichen kann, der braucht keine Furcht zu haben, [auch] wenn er im Familienleben bleibt. Chaitanya hatte auch Bhaktas mit Familie. Sie führten nur dem Anschein nach ein Familienleben. Sie blieben ungebunden.

Vorsicht gegenüber den Frauen

Eine Frau, eine große Bhakta, etwa 31-32 Jahre alt, besuchte Srī Rāmakrishna häufig und verehrte ihn über alle Maßen. Diese Frau liebte Nityagopāl, als sie dessen erstaunliche spirituellen Zustände sah, wie ihr eigenes Kind und nahm ihn oft mit sich nach Hause.

SRĪ RĀMAKRISHNA (zu dem Bhakta): Gehst du wirklich zu ihr?

NITYAGOPĀL (wie ein Junge): Ja doch. Sie nimmt mich mit.

SRĪ RĀMAKRISHNA: *O-ree sādhu*, Vorsicht! Geh ein paar Mal hin. Nicht zu oft – du wirst fallen! Wirklich, Sinnenfreude und Besitzgier sind *māyā*. Ein Sādhu muß großen Abstand zu Frauen wahren. Dort versinken alle. Dort stolpern selbst Brahmā und Vishnu und schnappen nach Luft.

Der Bhakta hörte allem zu.

M. (zu sich selbst): Wie eigentümlich! Dieser Bhakta ist wie ein *paramahaṁsa* – das sagt Srī Rāmakrishna selbst von Zeit zu Zeit. Trotz dieses hohen geistigen Zustands ist für ihn immer noch Gefahr möglich! Was für schwierige Regeln Srī Rāmakrishna für Sādhus aufgestellt hat. Wenn Sādhus bei Frauen ein- und ausgehen, ist es möglich, daß sie fallen. Wenn es dieses hohe Ideal nicht gibt, auf welche Weise können dann die Seelen überhaupt gerettet werden? Diese Frau ist doch fromm. Trotzdem diese Furcht! Jetzt habe ich verstanden, warum Chaitanya dem jungen Haridās eine so schwere Strafe gegeben hatte. Obwohl es der Mahāprabhu[1] verboten hatte, hatte sich Haridās mit einer frommen Witwe angefreundet. Doch Haridās war ein

[1] «Großer Herr», Ehrentitel für Chaitanya.

sannyāsī. Darum hat sich der Mahāprabhu von ihm getrennt. Was für eine Strafe! Was für schwierige Lebensregeln hat der Sannyāsī! Und welch tiefe Liebe empfindet Srī Rāmakrishna für diesen Bhakta! Damit er in Zukunft in keiner Gefahr ist, hat er ihn vorsorglich sogleich zur Vorsicht gemahnt.

Die Bhaktas waren sprachlos. «*Sādhu*, Vorsicht!» Den Bhaktas klangen diese Worte tief wie Donnerrollen in den Ohren.

Von der Vielfalt Gottes

In diesem Abschnitt kommen die Grundthemen von Rāmakrishnas Gotteslehre zur Sprache. Gott offenbart sich den Mitgliedern aller innerhinduistischen Glaubensgemeinschaften und aller Religionen – sie alle können Gott erfahren. Niemand soll Gottes Wesen auf die Vorstellungen und die Theologie seiner eigenen religiösen Tradition und seines eigenen religiösen Temperaments einschränken. Gott entspricht zwar diesen Vorstellungen und dieser Theologie, doch er transzendiert sie auch. Die Parabel vom Elefanten gehört zum klassischen Erzählungen-Schatz des Hinduismus.

Innerhalb des Hinduismus bestehen unterschiedliche Wege zu Gott. Bhakti und Jñāna bezeichnen zwei zentrale Wege. Nicht nur die Methoden der Askese, sondern auch die Gottesvorstellungen sind verschieden. Jeder Methode entspricht eine bestimmte Vorstellung von Gott. Gegen Ende des Abschnitts erklärt Rāmakrishna mit Hilfe des Wasser-Vergleichs, daß beide Methoden zu demselben Gott in zwei verschiedenen Daseinsweisen führen. Der Jñānī versenkt sich in den eigenschaftslosen Gott – der passende Vergleich ist das ungeschiedene, «formlose» Meer; der Bhakta sucht Gott in Menschengestalt, in Symbolen der Natur und des Kosmos – der Vergleich ist das zu «Formen» gefrorene Eis, welches im Wesen dennoch Wasser bleibt. Der Gebrauch des Begriffs «jñāna*-Sonne*» *deutet darauf hin, daß* *nach indischer Wertschätzung Jñāna meist höher als Bhakti eingestuft wird.*

SRĪ RĀMAKRISHNA (zum Goswāmī): Wer in seinem Innern gesammelt lebt[2], kann innerhalb aller Religionen *(dharma)* Gott erreichen. Auch die Vishnuiten werden Gott erreichen, auch die Sāktas, auch die Vedāntins, die Brāhmo-Jñānīs; die Mohammedaner und die Christen, die werden ihn auch erreichen. Alle, die im Innern gesammelt leben, werden ihn erreichen. Der eine oder andere hat nur Zank im Sinn. Sie sagen: «Wer unseren Srī Krishna nicht verehrt, wird nichts erreichen» oder «Wer unsere Mā Kālī nicht verehrt, wird nichts erreichen»; «Wer unseren christlichen Glauben nicht annimmt, wird nichts erreichen.»
Wer so denkt, ist rechthaberisch; das heißt: «Meine Religion ist wahr, alle anderen sind falsch.» Eine solche Einstellung ist schlecht. Man kann Gott auf verschiedenen Wegen erreichen.
Dann sagt der eine oder andere: «Gott hat Form, er ist nicht ohne Form.» Und wieder Zank. Die Vishnuiten zanken mit den Vedāntins.
Wenn jemand Gott leibhaftig schaut, dann kann er genau Auskunft geben. Wer die Schau hatte, der weiß genau: Gott hat Form, er ist aber auch ohne Form. Was er sonst noch alles ist, das kann niemand aussprechen.
Eine Gruppe von Blinden kam zu einem Elefanten. Jemand sagte ihnen: «Dieses Tier heißt ‹Elefant›.» Dann fragten die Blinden: «Wie sieht ein Elefant aus?» Die Blinden begannen, den Leib des Elefanten abzutasten. Einer sagte: «Ein Elefant ist wie eine Säule.» Dieser Blinde hatte nur ein Bein des Elefanten berührt. Ein anderer sagte: «Ein Elefant ist wie eine Korn-

2 Wörtlich: Wer mit Herz und Seele bei der Sache ist.

schwinge[3].» Er hatte nur ein Ohr des Elefanten angefaßt. In gleicher Weise fingen jene, die den Rüssel oder den Bauch angefaßt hatten, an, unterschiedliche Aussagen zu machen. Ebenso ist es mit Gott: Wer nur ein wenig gesehen hat, der glaubt, *so* ist Gott und sonst nichts.

Jemand kam, nachdem er die Notdurft verrichtet hatte, zurück und sagte: «Unter dem Baum habe ich ein schönes, rotes Chamäleon gesehen.» Ein anderer sagte: «Ich bin vor dir zu diesem Baum gegangen – wieso rot? Es ist grün, ich habe es mit eigenen Augen gesehen.» Ein anderer sagte: «Ich weiß sehr gut Bescheid, vor euch bin ich hingegangen; dieses Chamäleon habe auch ich gesehen. Es ist nicht rot, auch nicht grün, mit eigenen Augen habe ich es gesehen: Blau ist es.» Noch zwei andere waren da; die sagten: «gelb», «aschfarben» – noch andere Farben. Schließlich stritten alle miteinander. Alle wußten, was ich gesehen habe, das ist richtig. Jemand, der ihren Streit beobachtete, fragte: «Was ist denn los?» Als er alle Darstellungen gehört hatte, sagte er: «Ich wohne dort unter dem Baum, und ich kenne jenes Tier. Jeder von euch hat recht. Das ist ein Chamäleon – manchmal ist's grün, manchmal blau, so hat es verschiedene Farben. Manchmal sehe ich auch, daß es überhaupt keine Farbe hat. Dann ist es ohne Eigenschaften *(nirguṇa)*.

(Zu dem Goswāmī:) Also genügt es, wenn man sagt, Gott habe nur Form? Als Srī Krishna nimmt Gott den Körper wie den eines Menschen an – das ist wahr; er zeigt sich dem Bhakta in verschiedenen Formen, das ist auch wahr. Gott ist auch ohne Form, das ungeteilte Sat-Chit-Ānanda, auch das ist wahr. In den Vedas wird er beschrieben als beides, mit und ohne Form, als *saguṇa* und *nirguṇa* wird er beschrieben.

[3] Auf der die Reiskörner vom Spreu geschieden werden, indem man die Körner mehrmals hochwirft.

Weißt du, wie? Sat-Chit-Ānanda ist wie ein endloses Meer. Durch Kälte wird Meerwasser zu Eis und schwimmt obenauf, es nimmt verschiedene Formen von Eisschollen an und schwimmt auf dem Meerwasser. Ebenso kann man durch die Kühle von Bhakti in dem Sat-Chit-Ānanda-Meer die sichtbare Gestalt Gottes schauen. Für den Bhakta hat er eine Form. Doch wenn die *jñāna*-Sonne aufsteigt, schmilzt das Eis, Wasser ist Wasser, wie früher. Unten und oben Fülle. Wasser allüberall. Darum beteten in dem Srīmad Bhāgavata alle: «Herr, du bist der mit Form, du bist der ohne Form. Vor unseren Augen wandelst du als Mensch, doch in den Vedas heißt es, du bist jenseits von Sprache und Gedanken.»

Dennoch kann man sagen: Für ein paar Bhaktas hat er ewig Form. Es gibt solche Orte, wo das Eis nie schmilzt, es nimmt die Form von Kristall an.

KEDĀR: In dem Srīmad Bhāgavata hat Vyāsa Gott wegen drei Verfehlungen um Verzeihung gebeten. An einer Stelle sagte er: «*He* Herrgott! Du bist jenseits von Sprache und Gedanken, doch ich habe immerzu deine *līlā* – deine sichtbare Gestalt – beschrieben. Verzeih mir mein Vergehen.»

SRĪ RĀMAKRISHNA: Ja, Gott hat Form und wiederum keine Form. Wiederum ist er sogar jenseits von Form und Nicht-Form. Mit ihm kommt man an kein Ende.

Die Ewig-Vollendeten unter Rāmakrishnas Schülern

Nach Rāmakrishnas Aussage sind einige seiner Schüler, die später Mönche wurden, als befreite, vollendete Menschen geboren worden, um Rāmakrishna Gesellschaft zu leisten und mit ihm sein Werk unter den Menschen auszuführen. Für diese «Ewig-Vollendeten» ist das Leben keine Zeit der Läuterung und Heiligung, weil sie bereits vollendet sind; darum sehnen sie sich danach, sobald wie möglich «zur Mutter», zu ihrem himmlischen Ursprung, zurückzukehren.

Srī Rāmakrishna: Alle diese Burschen gehören zur Gruppe der Ewig-Vollendeten *(nitya-siddha)*. Sie sind mit dem Wissen von Gott auf die Welt gekommen. Wenn sie etwas älter geworden sind, erkennen sie: Wer einmal mit der Welt in Berührung gekommen ist, für den gibt's keine Rettung mehr. In den Vedas steht die Geschichte vom Homā-Vogel. Er wohnt im Himmelsraum, niemals kommt er zur Erde hinunter. Er legt sogar sein Ei im Himmelsraum. Das Ei fällt immer tiefer. Doch der Vogel wohnt so hoch, daß das Küken, während das Ei immer weiter fällt, ausschlüpft. Das Küken fällt aus der Schale und fällt weiter. Doch auch dann ist es noch so hoch, daß es, immer weiter fallend, flügge wird und die Augen öffnet. Dann kann es sehen: Ich falle zur Erde! Auf die Erde zu fallen bedeutet Tod! Sobald es die Erde gesehen hat, flattert es geradewegs zur Mutter zurück. Mit einem Mal hat es angefangen, hochzufliegen, um zur Mutter zu kommen; es kennt nur *ein* Ziel: Zurück zur Mutter.
Alle diese Burschen sind genauso. Von Kindheit an fürchten sie das Familienleben. *Eine* Sorge: Wie komme ich zur Mutter, wie erreiche ich Gott.
Wenn du sagst: Sie leben umgeben von materialistisch gesinnten Leuten, sie sind Kinder materialistisch gesinnter Familien, wie können sie trotzdem so viel Bhakti, so viel Jñāna haben? Dafür gibt es einen Grund. Wenn eine Erbse auf einen Misthaufen fällt, wird trotzdem ein Erbsenstrauch daraus. Wie nützlich diese Erbsen sind! Wird etwa, nur weil die Erbse auf einen Misthaufen gefallen ist, ein anderer Strauch daraus?

«Gott allein tut alles.»

Gott ist der Beweger aller Menschen und Dinge, auch der moralisch verwerflichen Handlungen, auch des Unglücks und Leids unter den Lebewesen. Rāmakrishna möchte seine Besucher von einer nur-moralischen Ebene des Lebensverständnisses emporheben. Die Antwort des geprügelten Mönchs am Ende der Geschichte bedeutet: Gott lebt in der Seele aller Menschen und bewegt sie; soeben hat Gott mich durch die Hand eines Menschen verprügelt, jetzt gibt mir Gott durch die Hand eines anderen Milch zu trinken.

SRĪ RĀMAKRISHNA: Hast du dich mit Bhāskarānanda unterhalten?

MANILĀL: Ja, oft. Wir haben uns auch über Fragen der Sünde und des religiösen Verdienstes unterhalten. Er sagte: «Folge nicht dem Weg der Sünde. Gott will das nicht. Verrichte nur Handlungen, die zu einem religiösen Verdienst führen.»

SRĪ RĀMAKRISHNA: Ja, so was sagt man für die weltlichen Menschen. Die Erleuchtung[4] erfahren haben, die überzeugt sind, Gott ist wahr und alles andere ist nichtwahr und vergänglich, die haben noch eine andere Auffassung. Die wissen, daß Gott der einzige Handelnde ist, alle anderen handeln nicht. Die Erleuchtung erfahren haben, die stolpern nicht. Sie brauchen nicht vorsätzlich der Sünde zu entsagen. Sie lieben Gott so sehr, daß, was sie auch tun, gut ist. Aber sie wissen: Ich bin nicht der Handelnde dieser Handlungen, ich bin Gottes Diener. Ich bin ein Werkzeug, er ist der Werkzeugmeister. Wie er mir zu tun sagt, tu ich, wie er mir zu sprechen befiehlt, spreche ich, wie er mich lenkt, bewege ich mich.

Die Erleuchtung erfahren haben, die sind jenseits von Verdienst und Sünde. Sie sehen, Gott allein tut alles.

[4] *caitanya*; wörtlich: (göttliches) Bewußtsein.

An einem Ort gab es ein Kloster. Die Mönche des Klosters gingen täglich um Almosen betteln. Eines Tages sah ein Mönch beim Almosenbetteln, wie ein Großgrundbesitzer heftig auf jemanden einschlug. Der Mönch war sehr barmherzig; er fuhr dazwischen und verbot dem Großgrundbesitzer zu schlagen. Der Großgrundbesitzer wurde sehr zornig, er goß seinen ganzen Ärger über den Mönch aus. Er schlug ihn so sehr, daß der Mönch bewußtlos am Boden liegen blieb. Jemand benachrichtigte das Kloster, daß der Großgrundbesitzer einen Mönch heftig verprügelt hatte. Die Mönche des Klosters kamen gelaufen und sahen den Mönch bewußtlos daliegen. Dann zogen und zerrten ihn fünf in das Kloster hinein und legten ihn aufs Bett. Da der Mönch bewußtlos war, saßen die Leute des Klosters betrübt um ihn herum. Ein paar fächelten ihm Luft zu. Einer sagte: «Flöße ein wenig Milch in seinen Mund ein, mal sehen, ob's hilft.» Während sie ihm die Milch nach und nach in den Mund einflößten, erlangte der Mönch das Bewußtsein zurück. Er öffnete die Augen und blickte um sich. Einer sagte: «*O-hee*, mal sehen, ob er bei Bewußtsein ist. Ob er die Menschen erkennen kann.» Dann fragte er den Mönch laut: «Mahārāj! Wer gibt dir Milch zu trinken?» Der Mönch sagte langsam: «Bruder! Der mich geschlagen hat, derselbe gibt mir Milch zu trinken.»

Wer Gott nicht kennt, der ist unfähig, diesen Bewußtseinszustand zu erlangen.

MANILĀL: Was Ihr beschreibt, ist ein sehr hoher Bewußtseinszustand!

Die Zeichen von Gottes Ankunft

Srī Rāmakrishna (zu den Brāhmos und den anderen Bhaktas): Ihr macht *prema* zu einem Spielzeug, doch ist es eine so unerhebliche Sache, wie? Chaitanya erlangte Prema; es hat zwei Merkmale. Zuerst, man vergißt die Welt. Die Liebe zu Gott ist so groß, daß die äußere Welt verschwindet! Chaitanya «sieht den Wald und glaubt, es sei Brindāban, sieht das Meer und glaubt, es sei die heilige Yamunā». Das zweite Merkmal: Auch zum eigenen Körper, der einem so teuer ist, bleibt keine Zuneigung bestehen; man setzt den Körper nicht mehr mit seinem *ātman* gleich.

Wenn man Gott nicht schaut, entsteht kein Prema. Die Erfahrung Gottes hat mehrere Merkmale. In wem sich der Reichtum der Gottesliebe offenbart, der braucht nicht mehr lange bis zur Erfahrung Gottes zu warten. Was ist eigentlich der «Reichtum der Gottesliebe»? Unterscheidungsgabe, Entsagung, Barmherzigkeit zu den Lebewesen, heiligmäßigen Menschen dienen, Gemeinschaft mit heiligmäßigen Menschen pflegen, die Herrlichkeit von Gottes Namen preisen, die Wahrheit sagen, das alles.

Wenn man alle diese Merkmale der Gottesliebe sieht, kann man mit Gewißheit sagen, daß die Schau Gottes nicht mehr lange auf sich warten läßt. Der Bābu möchte das Haus eines seiner Diener besuchen. Wann das geschehen soll, kann man am Zustand, in dem das Haus des Dieners ist, mit Gewißheit erkennen! Zuerst wird das Dickicht gelichtet, die Spinnweben werden gefegt, es wird gekehrt und gebürstet. Der Bābu selbst schickt einen Sitzteppich, eine Wasserpfeife und fünferlei Dinge voraus. Wenn sie das alles ankommen sehen, können die Leute gar nicht anders, als anzunehmen: Der Bābu ist unterwegs.

Von der wahren Entsagung

SRĪ RĀMAKRISHNA: Starr entschlossen müssen wir sein. Dann ist Sādhanā möglich. Mit festem Vorsatz.

Der Same von Gottes Namen hat große Kraft.[5] Er zerstört das Unwissen. Der Same ist so zart, der Sproß ist so zart, dennoch zerteilt er die harte Erde. Die Erde birst entzwei.

Wenn man mitten in Sinnenfreude und Besitzgier bleibt, ziehen sie Denken und Fühlen an. Man muß vorsichtig leben. Die entsagt haben, brauchen nicht so viel Angst zu haben. Die *wirklich* entsagt haben, wahren einen Abstand zu Sinnenfreude und Besitzgier. Darum können jene, die Sādhanā üben, jederzeit ihr Denken und Fühlen auf Gott gerichtet halten.

Die *wirklich* entsagt haben, die jederzeit ihr Denken und Fühlen Gott geben können, die sitzen wie eine Biene nur auf Blumen und trinken Nektar. Wer das Familienleben gewählt hat und mitten in Sinnenfreude und Besitzgier ist, der mag Denken und Fühlen Gott geben, dann aber von Zeit zu Zeit auch der Sinnenfreude und der Besitzgier. So wie eine gewöhnliche Fliege sich auf eine Süßigkeit setzt, aber ebenso auf eine eiternde Wunde und auf Kot setzt.

Halte dein Denken und Fühlen immer auf Gott gerichtet. Zunächst muß man sich etwas anstrengen. Danach kannst du deine Rente genießen.

«Jeder ist von Gott abhängig.»

Srī Rāmakrishna wurde gebeten, sich mit einem Kissen bequem hinzusetzen. Er setzte sich nicht bei dem Kissen nieder. Er schob es beiseite und setzte sich.

[5] Wer den Namen Gottes immer wiederholt, in dem «wächst» Gottes Kraft.

Srī Rāmakrishna (zu den Bhaktas): Sich an ein Kissen lehnen! Weißt du was? Dem Stolz zu entsagen ist sehr schwer. Gerade meinst du, dieser Stolz ist nichts. Plötzlich kommt er von wer-weiß-woher wieder! Die Ziege ist geschlachtet, dennoch zucken alle ihre Glieder. Du hast dich im Traum gefürchtet. Du bist aufgewacht, trotzdem macht, nachdem du schon hellwach bist, dein Herz noch *bum-bum*. Mit dem Stolz verhält es sich ebenso. Einmal weggescheucht, kommt er plötzlich von wer-weiß-woher wieder! Sogleich wird ein langes Gesicht gemacht und gesagt: «Er hat keinen Respekt vor mir.»

Kedār: «Demütig wie Gras und geduldig wie ein Baum muß man sein.»[6]

Srī Rāmakrishna: Ich bin Staub vom Staub [auf den Füßen] der Bhaktas.

Baidyanāth trat ein. Er war hochgebildet, ein Rechtsanwalt im High Court von Kalkutta. Er begrüßte Srī Rāmakrishna mit gefalteten Händen und setzte sich an einer Seite nieder.

Surendra (zu Srī Rāmakrishna): Er ist mein Verwandter.

Srī Rāmakrishna: Ja, er hat einen guten Charakter, sehe ich.

Surendra: Er möchte Euch was fragen, darum ist er gekommen.

Srī Rāmakrishna (zu Baidyanāth): Alles, was du siehst, alles ist Gottes Kraft *(śakti)*. Ohne seine Kraft hat niemand die Fähigkeit, etwas zu tun. Doch eines sage ich dir: Seine Kraft ist nicht an allen Orten gleich. Vidyāsāgar hat gesagt: «Hat Gott etwa einigen mehr Kraft gegeben?» Ich habe gesagt: «Wenn Kraft nicht hier mehr, dort weniger vorhanden wäre, warum sind

[6] Auf Sanskrit; Ausspruch von Chaitanya.

wir dann zu dir zu Besuch gekommen? Sind dir etwa zwei Hörner gewachsen?» Dennoch steht fest: Gott als Gott ist in allen Lebewesen. Nur Kraft ist hier mehr, dort weniger.

Baidyanāth: Ich habe einen Zweifel. Was man «free will» nennt – wenn ich möchte, kann ich eine Sache gut oder auch schlecht ausführen. Gibt es das? Sind wir *wirklich* frei?

Srī Rāmakrishna: *Alles* ist von Gott abhängig. Es ist seine Līlā. Er hat unterschiedliche Dinge geschaffen: kleine, große, machtvolle, schwache, gute, schlechte; gute Menschen, schlechte Menschen. Das alles ist seine Māyā, sein Spiel. Da, siehst du nicht, im Garten ist kein Baum wie der andere. Solange du Gott nicht erreichst, glaubst du, frei zu sein. Diesen Irrtum läßt er zu, sonst würde die Sünde zunehmen. Man fürchtete die Sünde nicht. Es gäbe keine Strafe für die Sünde. Wer Gott erreicht hat, weißt du, was der empfindet? Ich bin ein Werkzeug, du bist der Werzeugmeister; ich bin das Haus, du bist die Hausfrau; ich bin der Wagen, du bist der Wagenlenker. Wie du mich lenkst, fahre ich. Wie du mir zu sprechen befiehlst, spreche ich.
(Zu Baidyanāth:) Es ist nicht gut zu argumentieren; was meinst du?

Baidyanāth: Ja, die Neigung zu argumentieren schwindet erst, wenn Jñāna erscheint.

Srī Rāmakrishna: *Thank you.* (Alle lachen.) Du wirst Jñāna haben! Wenn jemand über Gott redet, glauben ihm die Leute nicht. Wenn irgendein großer Heiliger sagt: «Ich habe Gott gesehen!», nehmen die gewöhnlichen Leute die Worte des großen Heiligen trotzdem nicht an. Die Leute meinen: Wenn er Gott gesehen hat, soll er ihn uns zeigen. Doch kann man an *einem* Tag lernen, den Puls zu fühlen? Viele Tage lang muß man zusammen mit einem Arzt arbeiten, dann kann man sagen, welcher Puls die Schleimader, welcher die Windader, welcher die Gallenader anzeigt. Man muß sich mit denen zusammentun, deren Geschäft es ist, den Puls zu fühlen. (Alle lachen.)

«Wir kennen nur unseren Krishna!»

Die Geschichte beschreibt die schlichte, aber tiefe Liebe der Milchmädchen von Brindāban zu dem Kuhhirten Krishna. Krishna hatte Brindāban verlassen und schickte nach langer Abwesenheit seinen Freund Uddhava zu den Gespielinnen seiner Jugendzeit, um ihnen Nachrichten von seinem Leben zu geben. Diese irdische Liebe wird als Sinnbild für die Liebe der Seele zu dem Persönlichen Gott (Krishna) verstanden.

Srī Rāmakrishna sagte dem Geschichtenerzähler: «Erzähl uns etwas über Uddhava.»
Der Geschichtenerzähler sagte: «Als Uddhava im heiligen Brindāban ankam, liefen die Kuhhirten und die Milchmädchen von Braja sehnsüchtig herbei, um ihn zu schauen. Alle fragten ihn: ‹Wie geht es, Srī Krishna? Hat er uns vergessen? Spricht er über uns?› Während sie das sagten, begannen einige zu weinen. Einige nahmen ihn mit und zeigten ihm verschiedene Orte in Brindāban und erzählten: ‹An diesem Ort hat Srī Krishna den Hügel Govardhan in der Luft gehalten. Hier hat er den Dämon Dhenuka, hier den Dämon Sakata getötet. Auf dieser Wiese hat er die Kühe geweidet, an diesem Ufer der Yamunā hat er seine lustigen Possen getrieben. Hier hat er mit den Kuhhirten Kurzweil getrieben. In diesen Hainen hat er sich mit den Milchmädchen unterhalten.› Uddhava sagte: ‹Warum seid ihr wegen Krishna so bekümmert? Er ist doch in allen Lebewesen. Er ist Gott persönlich. Außer ihm gibt es nichts.› Die Milchmädchen sagten: ‹Wir verstehen das alles nicht. Weder lesen noch schreiben, nichts können wir. Nur unseren Krishna von Brindāban kennen wir, der hier allerlei Kurzweil getrieben hat.› Uddhava sagte: ‹Er ist Gott persönlich. Wer an

ihn denkt, braucht nicht mehr in diese Welt zu kommen, der wird [noch zu Lebzeiten] befreit.› Die Milchmädchen sagten: ‹Befreiung – all diese Worte verstehen wir nicht. Wir wollen unseren Herzens-Krishna sehen.›»
Srī Rāmakrishna lauschte allen diesen Worten gesammelt und geriet tief in Ekstase. Er sagte: «Die Milchmädchen haben recht gehabt.»

Drei Weisen, auf eine Situation zu reagieren

Srī Rāmakrishna: Drei Freunde gingen durch einen Wald; ein Tiger erschien. Einer sagte: «Bruder! Mit uns ist's vorbei!» Der nächste: «Warum? Warum sollen wir sterben? Kommt, wir rufen Gott um Hilfe an.» Der dritte sagte: «Nein, was nützt's, Gott damit zu belästigen? Kommt, wir klettern diesen Baum hoch.» Der gesagt hat «Mit uns ist's vorbei», weiß nicht, daß Gott unser Retter ist. Der gesagt hat «Komm, wir rufen Gott um Hilfe an», ist ein Jñānī; er erkennt, daß Gott die Welt erschafft, erhält und auflöst. Und der gesagt hat «Was nützt's, Gott damit zu belästigen? Kommt, wir klettern diesen Baum hoch», in dem ist Prema erwacht, Liebe erwacht. Ja, das ist die Natur von Prema: [Wer es hat], der meint, er selbst sei groß und der Geliebte klein – aus Furcht, dem Geliebten könne etwas zustoßen. Nur dieser Wunsch: Den Geliebten soll nicht einmal ein Dorn in den Fuß stechen.

Rāmakrishnas Liebe zu seinen Schülern

Rāmakrishna spricht über seine Schüler, insbesondere über den College-Studenten Narendra(nāth Datta), den späteren Swāmī Vivekānanda. Rāmakrishna liebte seine Schüler auf kindlich-unmittelbare Weise, oft ohne Rücksicht auf gesellschaftliche Konventionen, und hing besonders an Narendra. Hāzrā, der wie

Rāmakrishna im Tempelbezirk von Dakshineswar wohnte, machte ihm wegen dieser Liebe häufig Vorwürfe; gewiß spielte Eifersucht eine Rolle. Rāmakrishna nannte Hāzrā einmal einen «Schwindler und Schelm».

Srī Rāmakrishna: Hāzrā hat wieder mal Belehrungen gegeben: «Warum sorgst du dich so viel um diese Jungen?» Ich fuhr mit der Kutsche zu Balarāms Haus; auf dem Weg überfiel mich große Unruhe. Ich sagte: «Mā, Hāzrā sagt, warum ich mich so viel um Narendra und all diese Jungen sorge. Er sagt: ‹Warum hörst du auf, an Gott zu denken und sorgst dich um all diese Jungen?›» Als ich so sprach, hat sie mir klar gezeigt, daß sie selbst [in diesen Jungen] Mensch geworden ist. Gott offenbart sich deutlich in einem reinen Gefäß. Als ich das schaute und mein Samādhi ein wenig schwächer wurde, geriet ich in Zorn auf Hāzrā. Ich sagte: «Bursche! Hat er mir das Leben schwergemacht!» Dann dachte ich: «Was kann der arme Kerl dafür! Was kann er davon schon verstehen?»

Ich erkenne in ihnen die Verkörperung von Nārāyana. Als ich Narendra das erste Mal kennenlernte, sah ich, er hat kein Körperbewußtsein *(deha-buddhi)*.[7] Als ich ein wenig die Hand auf seine Brust legte,[8] verlor er das Bewußtsein von der Außenwelt. Als er zurückkam, sagte er bestürzt: «*O-go*, was hast du mir angetan? Ich habe doch Mutter und Vater!» Im Hause von Jadu Mallik war's genauso. Allmählich wuchs meine Sehnsucht, ihn zu sehen. Voll Unruhe bebte und zitterte mein Geist. Dann sagte ich zu Bholānāth: «Warum ist mir so zumute? Da gibt's einen Jungen namens Narendra aus der *kāyastha*-Kaste, warum ist mir seinetwegen so zumute?» Bholānāth sagte: «Das ist im ‹Mahābhā-

[7] Narendra identifiziert sich nicht mit seinem Körper, sondern mit seinem geistigen Wesen.

[8] Der Guru berührt seinen Schüler, um dessen geistige Kraft zu wecken.

rata› erklärt. Steigt der Geist *(manaḥ)* eines Menschen, der gewöhnlich im Samādhi lebt, [zur materiellen Welt] herab, macht ihm die Gesellschaft von reinen Menschen Freude. Sieht er reine Menschen, wird sein Geist kühl[9].» Als ich diese Worte hörte, kehrte wieder Frieden in mich ein. Von Zeit zu Zeit saß ich da und weinte: «Ich will Narendra sehen.»

Erkenne dein wahres Wesen

Srī Rāmakrishna (zu M.): Einige glauben: Ich werde wohl niemals Jñāna und Bhakti bekommen, ich bin eine gebundene Seele.[10] Wer die Gnade des Guru hat, braucht sich vor nichts zu fürchten. Eine Tigerin war in eine Ziegenherde eingefallen. Als sie zum Sprung ansetzte, gebar sie ein Junges. Die Tigerin starb, das Junge wuchs gemeinsam mit den Ziegen auf. Die Ziegen und das Tigerjunge fraßen gemeinsam Gras. Die Ziegen machten *bhä-bhä*, der Tiger machte auch *bhä-bhä*. Allmählich wurde der Tiger sehr groß. Eines Tages fiel ein anderer Tiger in die Ziegenherde ein. Er sah den grasfressenden Tiger und staunte. Dann rannte er auf ihn zu und packte ihn. Der begann wieder *bhä-bhä* zu blöken. Er schleifte ihn mit Gewalt zum Wasser. Er sagte: «Schau! Schau dein Gesicht im Wasser an! Du siehst genau wie ich aus, schau doch! Und hier, nimm etwas Fleisch – friß das!» Und er zwang ihn zu fressen. Der ließ sich zunächst durch nichts dazu bewegen – machte nur *bhä-bhä*. Als er Blut schmeckte, begann er zu fressen. Der andere Tiger sagte: «Hast du jetzt begriffen? Was ich bin, das bist auch du. Komm jetzt, komm mit mir in den Wald.»

9 D.h. ruhig, gleichmütig, zufrieden.

10 Eine gebundene Seele ist unfähig, in diesem Leben die Befreiung zu erreichen.

Also, wer die Gnade des Guru hat, braucht keine Angst mehr zu haben. Er wird dir zeigen, wer du bist, was dein eigentliches Wesen ist.
Wenn jemand ein wenig Sādhanā übt, dann erklärt der Guru, was was ist. Dann wird der Schüler verstehen, was wahr, was unwahr ist. Gott ist wahr, diese Welt ist vergänglich.
Ein Fischer warf nachts in einem [fremden] Teich sein Netz aus und stahl Fische. Der Gutsbesitzer merkte es und ließ ihn von seinen Leuten umstellen. Mit Fackeln kamen sie, um den Dieb zu suchen. Darauf bestrich sich der Fischer mit ein wenig Asche[11] und saß nun unter einem Baum wie ein Sādhu. Sie suchten überall und fanden keinen Fischer, da war nur unter einem Baum ein Sādhu, aschebeschmiert, in Meditation versunken. Am nächsten Tag verbreitete sich in der Gegend die Nachricht, ein großer Sādhu sei in ihrem Garten angekommen. So viele Leute kamen, brachten Früchte, Blumen, Süßigkeiten, um den Sādhu ehrfurchtsvoll zu begrüßen. Auch eine Menge Geld fiel in die Hände des Sādhu. Der Fischer dachte: Wie wunderbar! Ich bin kein wirklicher Sādhu, trotzdem verehren mich die Leute so sehr. Wäre ich ein wirklicher Sādhu, könnte ich Gott bestimmt erreichen, ohne Zweifel.
Wenn geheuchelte Sādhanā so viel spirituelle Erwekkung bewirkt hat, was geschähe erst, wenn es wirklich Sādhanā wäre? Was wahr, was unwahr ist, wird man dann verstehen. Gott allein ist wahr, die Welt ist vergänglich.

[11] Mönche machen Aschenzeichen auf Stirn und Oberkörper.

Begegnung mit der Magd Bhagabatī

Der Abend dämmerte. Die Magd kam, um im Zimmer Weihrauch abzubrennen,[12] und verließ es wieder. Nachdem Manilāl und andere weggegangen waren, blieben nur noch ein, zwei Bhaktas da. Im Raum war kein Laut. Überall der Duft des Weihrauchs. Srī Rāmakrishna saß auf dem kleinen Holzbett und meditierte über die Mutter[13]. M. saß auf dem Fußboden. Rākhāl war auch da. Eine Weile später kam Bhagabatī, die Magd der Tempelbesitzer, und grüßte ehrfurchtsvoll von ferne. Srī Rāmakrishna bat sie, sich hinzusetzen. Bhagabatī ist eine sehr alte Magd. Seit vielen Jahren arbeitet sie im Haus der Tempelbesitzer. Srī Rāmakrishna kennt sie seit vielen Jahren. Als sie jung war, führte sie kein gutes Leben. Doch Srī Rāmakrishna, der Gestrauchelte rettet, sprach mit ihr viel über vergangene Zeiten.

Srī Rāmakrishna: Du bist doch jetzt in die Jahre gekommen. Gibst du den guten Vishnuiten auch zu essen mit dem Geld, das du verdient hast?

Bhagabatī (ein wenig lächelnd): Wie kann ich das schon behaupten?

Srī Rāmakrishna: Kāsī, Brindāban: Hast du das alles erledigt?[14]

Bhagabatī (ein wenig schüchtern): Wie kann ich das schon behaupten. Ich habe ein Ghāt bauen lassen.[15] Auf einem Stein ist mein Name eingeschrieben.

Srī Rāmakrishna: Was du nicht sagst!

[12] Um die Moskitos zu vertreiben, die gegen Abend aggressiv werden; auch zur rituellen Reinigung des Zimmers.

[13] Mit «Mutter» oder «Mā» ist stets die Göttin Kālī gemeint.

[14] D. h.: Hast du schon (die Wallfahrtsorte) Kāsī und Brindāban besucht?

[15] Hat man ein bestimmtes Alter erreicht, soll man sich verstärkt frommen Werken widmen. «Ghāt» ist eine Treppe zu einem Fluß oder Teich, in dem die Menschen rituelle Bäder nehmen.

Bhagabatī: Ja, der Name ist eingeschrieben – «Srīmatī Bhagabatī Dāsī».
Srī Rāmakrishna (ein wenig lächelnd): Gut, gut.

In diesem Augenblick faßte Bhagabatī Mut und begrüßte Srī Rāmakrishna, indem sie seine Füße berührte.[16] Wie von einem Skorpion gestochen, sprang Srī Rāmakrishna auf und blieb, «Gobinda, Gobinda» rufend, stehen. In der Zimmerecke stand ein Krug mit Gangeswasser – auch heute ist er noch da. Keuchend, ganz entsetzt, lief er zu dem Krug. Er wusch mit Gangeswasser die Füße an den Stellen, die die Magd berührt hatte.[17]
Ein, zwei Bhaktas, die im Zimmer saßen, starrten erstaunt und stumm auf diese Szene. Die Magd blieb erstarrt sitzen. Srī Rāmakrishna, ein Meer der Barmherzigkeit, der Gestrauchelte rettet, sprach die Magd mit sehr milder Stimme an: «Ihr sollt nur so[18] euren Gruß geben.» Dann setzte er sich wieder und versuchte, die Magd nicht mehr an das Geschehene zu erinnern. Er sagte: «Hör ein paar Lieder an.»

Der Bewußtseinszustand der Jñānīs

Der Jñānī soll sich in seinem Bewußtseinszustand über die Gegensatzpaare der phänomenalen Welt wie «gut»/«schlecht» erheben: Der Bewußtseinszustand, aus dem er leben und handeln soll, ist jener, der die unwandelbar-ewige Wirklichkeit des Gött-

16 *praṇām*; der zeremonielle Gruß an respektierte und ältere Menschen. Der Grüßende berührt mit den Händen die Füße des anderen und führt seine Hände dann an seine Stirn. Dieser Gruß gilt insbesondere dem Guru, den eigenen Eltern, den Lehrern, auch den Gottesstatuen. Der so Begrüßte antwortet, indem er segnend die Hand auf den Kopf oder die Schultern des Grüßenden legt.

17 Da die Frau früher ein unreines Leben geführt hat, reagiert Rāmakrishna besonders empfindlich auf ihre Berührung.

18 D.h. aus der Ferne, ohne Berührung.

lichen assimiliert hat. Dem Jñānī gelten die Erfahrungen, die er im Wachzustand macht, als ebenso «relativ wirklich» wie die Erfahrungen, die er in Träumen macht; das heißt, beide Zustände bleiben auf ähnliche Weise hinter der Assimilierung der göttlichen Wirklichkeit zurück.

Srī Rāmakrishna (zu Hāzrā): Alle Verwirrung löst sich auf. Gott ist gläubig, er ist ungläubig; er ist gut, er ist schlecht; er ist wirklich, er ist unwirklich; Wachen und Schlafen sind seine Zustände, aber er ist auch jenseits all dieser Zustände.

Ein Bauer hatte in vorgerücktem Alter einen Sohn bekommen. Er war sehr um den Sohn besorgt. Allmählich wuchs der Sohn auf. Eines Tages arbeitete der Bauer auf dem Feld, da kam jemand und brachte die Nachricht, der Sohn sei schwer krank. Es sei fast vorbei. Als er nach Hause kam, sah er, daß der Sohn gestorben war. Seine Frau weinte sehr, aber der Bauer vergoß nicht eine Träne. Die Frau sagte darum mit noch tieferem Schmerz zu den Nachbarn: «So ein Sohn ist davongegangen, und er weint nicht eine Träne.» Nach einiger Zeit sagte der Bauer zu seiner Frau: «Weißt du, warum ich nicht weine? Ich habe gestern im Traum gesehen, daß ich ein König geworden bin und Vater von sieben Söhnen. Im Traum sah ich, daß die Söhne wohlgestaltet waren und gute Eigenschaften hatten. Allmählich wuchsen sie auf und gewannen an Wissen und Tugend. Da wachte ich auf. Jetzt weiß ich nicht: Soll ich deines einen Sohnes wegen weinen oder meiner sieben Söhne wegen weinen?» Für die Jñānīs ist der Zustand des Wachens so wirklich wie der Zustand des Schlafens.

Verschiedene Arten von Samādhi

Srī Rāmakrishna: Es gibt viele Arten von Samādhi. Mein [spiritueller] Zustand stimmt mit den Worten eines Sādhu von Rishikesh überein. Manchmal spüre ich, daß im Körper ein Wind wie Ameisen aufsteigt; manchmal macht er auch *hopp-hopp*, wie Affen, die von einem Ast zum anderen hopsen. Manchmal ist es auch die Bewegung von Fischen. Wen's trifft, der weiß, was ich meine. Man vergißt die Welt. Wenn der Geist etwas niedriger steigt, sage ich: «Mā, mache mich wieder in Ordnung, ich will doch reden.»[19]

Wer kein *īśvarakoṭi* (z. B. ein *abatāra*) ist, kehrt nach dem Samādhi nicht zurück. Einige Menschen erreichen Samādhi durch Sādhanā – doch sie kehren nicht zurück. Wenn Gott selbst als Mensch erscheint, als Avatāra, ist der Schlüssel zur Freiheit *(mukti)* der Menschen in seiner Hand. Darum kehrt er nach dem Samādhi zurück. Zum Wohl der Menschen.

Unterhaltung während der Abenddämmerung

Heute ist Dienstag, Neumond. Der Abend dämmerte. Im Tempel wurde Ārati gefeiert. In den zwölf Siva-Tempeln, im Rādhākānta-Tempel und im Bhabatārinī-Tempel[20] wurden Seeschneckenhörner geblasen und Gongs geschlagen. Als die Ārati zu Ende war, kam nach einiger Zeit Srī Rāmakrishna aus seinem Zimmer heraus und setzte sich auf die südliche Veranda. Auf allen Seiten tiefe Dunkelheit, es brannte nur im Tempel hier und dort ein Lämpchen. Auf den Ganges war der schwere Schatten des Himmels gefallen. Neumond; Srī Rāmakrishna war ohnehin von geistigen Stimmungen erfüllt; heute war

[19] D. h.: Laß mich wieder das normale Bewußtsein erlangen.

[20] Kālī-Tempel.

seine Stimmung noch stärker geworden. Aus seinem Mund kamen von Zeit zu Zeit «Om» und «Mā». Im Sommer ist es im Innern seines Zimmers sehr heiß. Darum ist er auf die Veranda gegangen. Ein Bhakta hatte ihm eine feingeflochtene Matte geschenkt. Sie war auf der Veranda ausgebreitet. Srī Rāmakrishna dachte Tag und Nacht an Mā. Liegend unterhielt er sich im Flüsterton mit Mani.

Srī Rāmakrishna: Sieh, man *kann* Gott schauen! Der-und-der hatte eine Schau Gottes; doch erzähl niemand davon. Sag mal, verehrst du Gott lieber mit Form oder ohne Form?

Mani: Im Augenblick gefällt mir Gott ohne Form ganz gut. Allerdings hab ich schon ein wenig verstanden, daß er alle diese Formen geworden ist.

Srī Rāmakrishna: Sag mal, wirst du mich in der Kutsche zu Mati Seals großem Teich in Belghariā mitnehmen? Wenn du dort Muri ins Wasser wirfst, kommen alle Fische und fressen Muri. *Ā-hā!* Was für eine Freude, die verspielten Fische sich tummeln zu sehen. Du wirst begeistert sein. Es ist, als tummle sich der Fisch in der Form des Ātman im Meer von Sat-Chit-Ānanda. Genauso, wenn man auf einem großen Feld steht, dann kommt eine göttliche Stimmung über einen. Wie ein Fisch im Krug, der in einen Teich hineingekommen ist.

Um Gottes Schau zu bekommen, ist Sādhanā notwendig. Ich mußte harte Sādhanā üben. Wie viele Arten von Sādhanā habe ich unter dem Bel-Baum geübt! Dort habe ich ausgeharrt und gerufen: «Mā, zeig dich mir!» Mein Körper wurde von meinen Tränen überschwemmt.

Mani: Ihr habt so viel Sādhanā geübt; sollen da die Menschen im Handumdrehen etwas erreichen? Kann man Mauern aufziehen, indem man einfach mit dem Finger ums Haus herumfährt?

Srī Rāmakrishna (lächelnd): Amrita sagt: «Wenn einer ein Feuer entzündet, wärmen sich zehn daran.» Und noch etwas: Wer die Ebene der Ewigkeit *(nitya)* erreicht, tut gut daran, in der Gesellschaft *(līlā)* zu bleiben.

Mani: Ihr habt gesagt, das Spiel der Welt *(līlā)* sei dazu da, um sich daran zu erfreuen.

Srī Rāmakrishna: Nein, auch das Spiel der Welt ist wirklich.

Die Schwierigkeit, im Familienleben Gott zu finden

Schwiegervater: Kann man im *āśrama* des Familienvaters Gott erreichen?

Srī Rāmakrishna (lächelnd): Warum nicht? Lebe wie ein Schlammfisch. Er wohnt im Schlamm, doch kein Schlamm klebt an seinem Körper. Oder wie eine Dirne. Sie verrichtet alle Arbeit einer Hausfrau, doch ihre Gedanken weilen bei ihrem Liebling. Hefte deine Gedanken an Gott, so verrichte alle Arbeit in der Welt. Doch das ist sehr schwer. Ich habe den Brāhmo-Jñānīs gesagt: Im Raum, in dem eingemachtes Saures, Tamarindenschoten und ein großer Wassertopf stehen, sollen sich dort Kranke aufhalten? Wie soll die Krankheit verschwinden?[21] Wer an eingemachtes Saures und an Tamarindenschoten denkt, dem läuft das Wasser im Mund zusammen. Für den Mann ist eine Frau wie eingemachtes Saures und Tamarindenschoten. Und der Durst nach den Sachen der Welt umgibt einen allezeit, wie das Verlangen nach den großen Wassertöpfen. Dieser Durst hört nicht auf. Der Kranke sagt: «Ich möchte einen Krug Wasser trinken!» Sehr schwierig.

21 Er kann nicht der Versuchung widerstehen, Dinge zu sich zu nehmen, die seine Krankheit verstärken.

In der Welt gibt es mancherlei Verwirrung. Gehst du da entlang, will man dir die Schaufel an den Kopf werfen, gehst du dort entlang, will man dir den Besen an den Kopf werfen, gehst du anderswo entlang, will man dir einen Schuh an den Kopf werfen. Und wer nicht einsam lebt, kann nicht über Gott nachdenken. Ich fertige Schmuckstücke an, indem ich Gold schmelze; wenn ich beim Schmelzen fünfmal unterbrochen werde, wie kann dann Gold geschmolzen werden? Du enthülst Reis; das mußt du tun, wenn du allein bist. Mehrmals mußt du die Reiskörner in die Hand nehmen und sehen, wie sauber sie geworden sind. Wenn du beim Enthülsen fünfmal unterbrochen wirst, wie ist dann diese Arbeit möglich?

EIN BHAKTA: Was kann man also tun?

SRĪ RĀMAKRISHNA: Das: Wenn du tiefe Entsagung hast, dann gibt's einen Weg. Was du als falsch erkennst, das gib auf der Stelle entschlossen auf.

Starker Glaube ist notwendig

Rāmakrishna versichert seinen verheirateten Schülern immer wieder, daß sie auch im Familienleben Gott erreichen können, vorausgesetzt, sie üben Sādhanā, kultivieren Unterscheidungsgabe und haben den festen Glauben an Gottes Gnade.

SRĪ RĀMAKRISHNA: Es ist nicht richtig, daß es im Familienleben nur wegen der Begierden Grund zur Furcht gibt; auch Zorn gibt's. Fallen Dornen auf den Weg der Begierden, entsteht Zorn.

M.: Eine Katze schleicht sich an mein Essensblatt[22], um Fisch zu stehlen. Ich kann mich nicht dagegen wehren.

[22] In vielen Hindu-Haushalten wird die Mahlzeit auf einem großen Bananenblatt oder anderen, zusammengesteckten Baumblättern eingenommen, und zwar stets auf dem Fußboden.

SRĪ RĀMAKRISHNA: Wieso? Wenn du sie mal schlägst, ist das so schlimm? Ein Familienvater muß zischen! Aber er braucht kein Gift zu verspritzen.[23] Damit er niemandem bei seinen Pflichten schadet. Aber um sich aus der Hand von Feinden zu befreien, muß man Zorn zur Schau stellen. Sonst werden die Feinde uns Schaden zufügen. Nur einer, der entsagt hat, braucht nicht zu zischen.

EIN BHAKTA: Im Familienleben ist es sehr schwer, Gott zu erreichen, finde ich. Wie viele Menschen können so leben? Gibt's auch nur einen? Ich sehe keinen.

SRĪ RĀMAKRISHNA: Warum soll's keinen geben? Zu Hause habe ich von einem Deputy gehört, einem bekannten Mann – Pratāp Singh; er macht Schenkungen, meditiert, hat Bhakti zu Gott, er hat viele gute Eigenschaften. Einmal ließ er mich abholen. Solche Menschen gibt's tatsächlich.

Sādhanā ist sehr notwendig. Doch warum soll's nicht möglich sein? Wenn du rechten Glauben hast, dann mußt du dich nicht mehr viel quälen. Glauben an des Guru Worte.

Zur Gleichsetzung von Gott und Mensch

Die streng monistische Richtung der Vedānta-Philosophie, der Advaita-Vedānta, postuliert die Identität der göttlichen Seele im Menschen (ātman) *mit dem göttlichen Absoluten* (brahman),

[23] Anspielung auf eine Parabel, die Rāmakrishna gern erzählt hat: Durch den Einfluß ihres Guru ist eine Schlange gewaltlos und zahm geworden; die Hirtenjungen, die ihre Sinneswandlung bemerken, schlagen sie aus Übermut halb tot. Als der Guru sie besucht, weist er sie zurecht: «Zu beißen habe ich dir verboten, nicht zu zischen! Warum zischst du nicht und jagst ihnen Angst ein?» Vgl. Srī Rāmakrishna – Setze Gott keine Grenzen. Gespräche des indischen Heiligen mit seinen Schülern. Aus dem Bengalischen übersetzt, ausgewählt und eingeleitet von Martin Kämpchen. Verlag Herder, Freiburg 1984, S. 4–7.

unter Berufung auf eine der Kernaussagen in den Upanishaden, tat tvam asi = *«Das bist du», nämlich: Brahman ist der Ātman (Chāndogya-Upanishad). Rāmakrishna betont, daß diese Gleichsetzung nur für spirituell reife Menschen und unter ihnen nur für Jñānīs erträglich und angemessen ist. Eine leichtfertige Anwendung dieser Gleichsetzung kann unter spirituell weniger entwickelten Menschen zu moralischem und gesellschaftlichem Mißbrauch führen. Der Bhakta neigt von seinem Temperament her nicht zu einer Gleichsetzung mit Gott; er will in der Haltung des Dieners das göttliche Du verehren, Gottes Herrlichkeit genießen, nicht identisch mit Gott sein. Gott kann aber, so sagt Rāmakrishna, aus Gnade auch dem Bhakta die wesentliche Gleichheit von Gott und menschlicher Seele offenbaren.*

Srī Rāmakrishna: «Ich bin Er», «Ich bin der reine Ātman»; das ist die Meinung der Jñānīs. Die Bhaktas sagen: «Das alles ist Gottes Herrlichkeit.» Gäbe es diese Herrlichkeit nicht, wer könnte einen Reichen erkennen? Doch wenn Gott die Bhakti eines Übenden *(sādhaka)* sieht und sagt: «Was ich bin – bist auch du!», dann ist das nur recht. Der König sitzt da; wenn nun ein Tafeldiener sich auf den Thron des Königs setzt und sagt: «König, was du bist – bin auch ich!», dann werden die Leute ihn einen Verrückten nennen. Doch zufrieden mit dem Dienst des Tafeldieners, hat der König eines Tages gesagt: «*O-ree*, setz dich her zu mir. Das ist kein Vergehen. Was du bist – bin auch ich!» Wenn er sich dann neben ihn setzt, ist das kein Vergehen. Wenn gewöhnliche Lebewesen sagen: «Ich bin Er», das ist nicht gut. Vom Wasser entstehen die Wellen; entsteht etwa das Wasser von den Wellen?[24]

[24] Analog: Gott kann die Menschen zu sich heraufziehen und sie sich gleichstellen, die Menschen können sich nicht mit Gott gleichstellen.

Von der Festigkeit des Atems und des Geistes

SRĪ RĀMAKRISHNA: Es verhält sich so: Ist der Geist *(mana)* nicht fest, gibt's kein *yoga*, gleichgültig welchen Weg du gehst. Der Yogī beherrscht sein Denken und Fühlen *(mana)*, das Denken und Fühlen beherrschen nicht den Yogī.

Wenn der Geist fest ist, wird auch der Atem fest – man erreicht *kumbhaka*. *Kumbhaka* erreicht man auch durch Bhakti-Yoga. Durch Bhakti wird der Atem gefestigt. *«Nitāi āmār mātā hātī, Nitāi āmār mātā hātī»*[25] – wenn man diese Worte immer wiederholt und dadurch in Ekstase gerät, kann man nicht mehr alle Worte aussprechen; nur *hātī hātī*. Dann bloß *hā*! In der Ekstase wird der Atem fest, man erreicht *kumbhaka*.[26]

Jemand fegt; einer kommt und sagt: «*O-go*, Herr So-und-so ist gestorben!» Ist derjenige, der fegt, kein Verwandter, wird er weiterfegen und dann und wann sagen: «*Ā-hā,* wirklich! Er ist gestorben! Ein guter Mensch war er!» Dabei fegt er weiter. Und wenn er ein Verwandter war, dann fällt ihm der Besen aus der Hand, und er setzt sich, «äh?» ausrufend, hin. Dann ist der Atem stehengeblieben. Er kann nichts tun und an nichts denken. Hast du das bei Frauen nicht beobachtet? Wenn eine sprachlos ein Ding anblickt oder ein Gespräch anhört, dann sagen die anderen Frauen: «Bist du in Verzückung geraten, oder was?» Hier ist der Atem auch fest geworden, darum bleibt sie sprachlos, den Mund offen.

[25] «Mein Nitāi tanzt wie ein verrückter Elefant.» Nitāi (Nityānanda) war ein Gefährte von Chaitanya.

[26] «Der Atem ist fest *(sthir)*», das heißt: Er ist so ruhig und gleichmäßig geworden, daß er kaum merkbar ist. Diesen Zustand kann man durch yogische Methoden erreichen *(prāṇayāma)*, aber auch durch intensive Gottesliebe. Dieser Zustand bedeutet eine tiefe innere Sammlung und Absorption.

Der Gott-Schauende sieht Gott überall

Srī Rāmakrishna: Nachdem du Gott erreicht hast, ist er überall sichtbar. In Menschen offenbart er sich besonders deutlich. Unter den Menschen offenbart er sich noch deutlicher in den sattvischen Bhaktas[27], die überhaupt nicht den Wunsch haben, Sinnenfreude und Besitzgier auszukosten. (Alle schweigen.) Wenn jemand den Zustand von Samādhi verläßt, wo soll sich dann sein Denken und Fühlen aufhalten? Darum braucht er die Gesellschaft von reinen Bhaktas, die Sinnenfreude und Besitzgier aufgegeben haben und sattvische Eigenschaften besitzen. Womit soll ein Mensch, der Samādhi erreicht hat, sonst leben?

Die Zusammenschau unterschiedlicher Gottesvorstellungen

Rāmakrishna integriert in seiner Gotteslehre verschiedene philosophische Systeme. Die Sāṁkhya-*Philosophie postuliert die Polarität der beiden unrückführbaren Prinzipien* puruṣa *und* prakṛti. *Purusa ist das Unbewegt-Göttliche, durch dessen Energie Prakriti, die Materie, Erde, sich immerfort entfaltet, bewegt. Purusa wird mit* brahman *aus der Vedānta-Philosophie und Prakriti mit* śakti *aus den theologischen Systemen des Hinduismus, etwa dem Sivaismus, parallel gesetzt. Rāmakrishna nimmt also, der Tradition folgend, eine Zweiteilung Gottes an: Gott als das unbewegt Seiende, der eigenschaftslos-unpersönlich und weltabgehoben nur* ist *– und Gott als Gnade, als Kraft, als die Summe wunderbarer Eigenschaften und Handlungen, als der persönliche Gott, der mit den Menschen und der gesamten Schöpfung in Beziehung tritt, um allen Lebewesen zu helfen, sie zum Heil zu führen. Während eine solche Teilung noch traditio-*

[27] Ein Bhakta mit den Eigenschaften von *sattva-guṇa* (s. Glossar).

nell ist, ist die Gleichsetzung von z. B. Brahman und Sakti nicht mehr traditionell, sondern Rāmakrishnas eigener Beitrag.
Im allgemeinen wird Brahman allen Manifestationen des Göttlichen übergeordnet, wird also das Absolut-Göttliche (Brahman) allen nicht-absoluten Erscheinungsweisen Gottes, die eine Beziehung zur Welt und zu den Menschen beinhalten, übergeordnet. Durch die Gleichsetzung von Brahman und Sakti drückt Rāmakrishna aus, daß das Göttliche durch seine Beziehung zur Welt nicht an «Absolutheit» und «Reinheit» verliert, daß die «Welt» in ihrem Wesen ebenso göttlich ist wie das Transzendente und darum auch nicht verachtenswert ist. Daher auch die Feststellung, daß sich die Erfahrung des transzendenten Gottes (Purusa-Jñāna) und die Erfahrung der Welt (Prakriti-Jñāna) einander bedingen. Das ist eine Feststellung, die im spirituellen Kontext des Hinduismus überraschend ist, die jedoch in ihren Konsequenzen nicht durchgehalten wird. Philosophisch wie lebenspraktisch dominiert auch bei Rāmakrishna eine Trennung und Distanz von «Gott» und «Welt».

Srī Rāmakrishna: Jenes, das *brahman* ist, das ist auch die *ādyā-śakti*. Wenn es nicht wirkt, heißt es Brahman, *puruṣa*. Wenn es erschafft, erhält, auflöst, all das, dann heißt es Sakti, *prakṛti*. Purusa und Prakriti! Jenes, das Purusa ist, das ist auch Prakriti: der Glückerfüllte und die Glückerfüllte.
Wer Purusa-Jñāna besitzt, der hat auch Prakriti-Jñāna. Wer den Vater kennt, der kennt auch die Mutter. (Keshab lacht.)
Wer die Dunkelheit kennt, kennt auch das Licht. Wer die Nacht kennt, kennt auch den Tag. Wer die Freude kennt, kennt auch den Schmerz. Hast du das verstanden?

Keshab (lächelnd): Ja.

Srī Rāmakrishna: Mā – was ist meine Mā? Die Mutter der Welt. Jene, die die Welt erschaffen hat, erhält sie auch. Sie schützt unaufhörlich ihre Kinder. Und *dharma, artha, kāma* und *mokṣa*[28] – jedem gibt sie, was er begehrt. Ein rechter Sohn kann ohne die Mutter nicht leben. Und seine Mutter weiß alles. Der Sohn ißt, trinkt und läßt sich's wohl sein, mehr weiß er nicht.

KESHAB: Ja, gewiß.

Kritik an der Gottesvorstellung des Brāhmo-Samāj

In ihren Liedern preisen die Mitglieder des Brāhmo-Samāj die wunderbaren Eigenschaften Gottes. Für Rāmakrishna ist diese Spiritualität zu äußerlich: Nicht was Gott besitzt, soll «errechnet», bedacht und gelobt werden, sondern Gott selbst in seinem Wesen. Nicht allein Loblieder, sondern auch Liebe und Entsagung gehören zu einer lebensformenden Spiritualität. Im zweiten Teil des Abschnitts macht Rāmakrishna die spirituelle Veranlagung eines Bhakta für dessen Art und Weise der Gottesverehrung verantwortlich; das heißt, nicht alle Bhaktas sind zu einer hohen Form des Gottesdienstes befähigt.

SRĪ RĀMAKRISHNA (zu Keshab): Warum beschreiben die Brāhmo-Jñānīs so ausführlich die Herrlichkeit Gottes? «*He*, Gott, du hast den Mond geschaffen, die Sonne geschaffen, die Sterne geschaffen!» Wofür alle diese Worte? Viele loben einen Garten, wenn sie ihn sehen. Wie viele Leute wollen den Besitzer des Gartens sehen? Wer ist größer, der Besitzer oder der Garten? Wer Schnaps getrunken hat, was braucht der sich auszurechnen, wie viele *maṇḍ* Schnaps im Weinladen sind? Schon *eine* Flasche hat bei mir die gewünschte Wirkung.

[28] Die *puruṣārthas* oder Werte im Hinduismus: religiös-ethisches Gesetz, Besitz, Wunsch nach Liebesvereinigung, Befreiung.

Wenn ich Narendra treffe, habe ich noch nie gefragt: «Wie heißt dein Vater? Wie viele Häuser hat dein Vater?»
Weißt du was? Weil Menschen selbst Reichtum lieben, glauben sie, auch Gott liebt Reichtum. Sie glauben, wenn sie seinen Reichtum preisen, wird er froh. Sambhu hat mir gesagt: «Und gib mir jetzt deinen Segen, damit ich meinen Reichtum zu Gottes Lotosfüßen niederlegen und sterben kann.» Ich habe gesagt: «Nur in deinen Augen ist das Reichtum. Was kannst du Gott schon geben? Für ihn ist das bloß Holz und Erde.»
Als im Vishnu-Tempel alle Edelsteine gestohlen worden waren, haben Mathur Bābu und ich Vishnu[29] besucht. Mathur Bābu hat gesagt: «Pfui, Vishnu! Du bist nichts wert. Von deinem Leib haben sie alle Edelsteine weggenommen, und du hast dich nicht wehren können?» Ich habe ihm gesagt: «Was redest du daher! In den Augen Gottes, über dessen Edelsteine du hier rechtest, sind sie nichts als Erdklumpen. Glaubst du jenem, der Lakshmī als seine Sakti[30] hat, macht es was aus, ob ein paar deiner Rupien gestohlen werden oder nicht? So darfst du nicht reden.»
Läßt Gott sich durch Reichtum in unsere Macht bringen? Er läßt sich durch unsere Bhakti in unsere Macht bringen. Was will er? Kein Geld. Ekstase, Liebe, Bhakti, Unterscheidungsgabe, Entsagung, das alles will er.
Jeder sieht Gott entsprechend seiner spirituellen Stimmung *(bhābḍ)*. Der Bhakta, in dem *tamas* überwiegt, glaubt, Mā ißt Ziegenböcke, und er opfert einen Ziegenbock. Der Bhakta, in dem *rajas* überwiegt, bereitet verschiedene gewürzte Gerichte mit Reis. Der Bhakta mit einem Übergewicht von *sattva* stellt seine rituelle

[29] D.h. die Statue von Vishnu im Tempel.

[30] Die Ehefrau (Sakti) von Vishnu ist nach der Mythologie Lakshmī, die Göttin des Reichtums.

Verehrung nicht zur Schau. Wenn er eine *pūjā* feiert, wissen die Leute nicht einmal, was er tut. Hat er keine Blumen, feiert er mit Bel-Blättern und Gangeswasser die Pūjā.[31] Mit ein paar *muṛki*-Körnern oder Süßigkeiten feiert er abends das Speiseopfer; manchmal kocht er etwas süßen Milchreis für Gott.

Dann gibt es die Bhaktas, die die drei *guṇas* übersteigen. Sie haben das Temperament von Kindern. Ihre einzige Pūjā ist, Gottes Namen zu wiederholen. Nur seinen Namen.

Gott lacht zweimal

SRĪ RĀMAKRISHNA: Zweimal lacht Gott. Einmal lacht er, wenn zwei Brüder ein Feld aufteilen; während sie mit der Kordel ausmessen, sagen sie: «Das hier ist mein, das dort ist dein!» Gott lacht bei dem Gedanken: Von meiner Welt nehmen sie ein Stückchen Erde weg und sagen: «Das hier ist mein, das dort ist dein.»

Gott lacht ein zweites Mal. Ein Kind ist todkrank. Die Mutter weint. Der Arzt sagt: «Hab keine Angst, Mutter, ich mache es gesund!» Der Arzt weiß nicht, wenn Gott es sterben läßt, gibt's keine Rettung. (Alle schweigen.)

Der Glaube eines kleinen Jungen

SRĪ RĀMAKRISHNA: Ein Mann hatte eine Tochter. In sehr jungen Jahren war die Tochter Witwe geworden. Sie hatte das Gesicht ihres Ehemannes nie gesehen. Sie sah die Ehemänner anderer Frauen. Eines Tages sagte sie:

[31] Rāmakrishna zählt die traditionellen Opfergaben für Mutter Kālī auf: Ziegen, Reisgerichte, Blumen und Süßigkeiten. Er zeigt, wie die Bhaktas je nach Temperament bestimmte Opfergaben vorziehen.

«Vater, und wo ist mein Ehemann?» Ihr Vater sagte: «Gobinda ist dein Ehemann. Wenn du ihn rufst, zeigt er sich.» Als sie diese Worte hörte, verschloß sie sich im Zimmer, rief und weinte: «Gobinda! Komm her, zeige dich mir. Warum kommst du nicht?» Als er das Weinen des kleinen Mädchens hörte, konnte Gott nicht fernbleiben. Er zeigte sich ihr.

Der Glaube eines kleinen Jungen! Sehnsüchtig sein wie ein kleiner Junge nach seiner Mutter – *diese* Sehnsucht! Ist diese Sehnsucht da, dämmert der Morgen. Nach der Dämmerung *muß* die Sonne aufsteigen. Ebenso folgt nach dieser Sehnsucht die Schau Gottes.

Es gibt die Geschichte über einen Jungen namens Jatil. Er besuchte die Schule. Er mußte durch einen Wald zur Schule gehen. Darum bekam er oft Angst. Davon erzählte er der Mutter, und sie antwortete: «Warum hast du Angst? Ruf einfach Madhusūdan[32].» Das Kind fragte: «Wer ist Madhusūdan?» Die Mutter sagte: «Madhusūdan ist dein älterer Bruder.» Als er das nächste Mal Angst bekam, während er allein [durch den Wald] ging, rief er sofort: «Bruder Madhusūdan!» Niemand war zu sehen. Dann fing er an, laut zu weinen: «Wo bist du, Bruder Madhusūdan? Komm her, ich habe große Angst.» Da konnte Gott nicht fernbleiben. Er erschien und sagte: «Hier bin ich doch, warum hast du Angst?» Und er begleitete ihn bis zu der Straße, die zur Schule führte. Und er sagte: «Wenn du mich rufst, komme ich. Keine Angst!» Dieser Glaube eines kleinen Jungen! Diese Sehnsucht!

Im Haus eines Brahmanen fand regelmäßig Gottesdienst statt. Eines Tages mußte er anderswohin gehen, um etwas Bestimmtes zu tun. Er sagte seinem kleinen Jungen: «Feiere du heute das Speiseopfer. Gib Gott zu essen.»[33] Der Junge stellte die Opferspeisen vor

32 Name von Krishna.

33 D.h.: Opfere die Speisen rituell vor dem Gottesbild auf.

Gott hin. Gott aber blieb stumm sitzen. Er sprach nichts und aß auch nichts. Der Junge saß lange Zeit da und beobachtete, ob Gott aufstehen würde. Er war fest davon überzeugt, daß Gott sich auf den vorbereiteten Platz setzen und essen würde. Dann sagte er immer wieder: «Herr, komm und iß! Es wird Zeit. Ich kann nicht länger warten.» Gott sprach nicht. Der Junge fing an zu weinen. Er sagte: «Herr, Vater hat mir gesagt, daß ich dir zu essen geben soll. Warum kommst du nicht? Warum willst du von mir nichts zu essen haben?» Als er sehnsüchtig eine Weile geweint hatte, kam Gott lachend, setzte sich auf seinen Platz und begann zu essen. Als er Gott zu essen gegeben und den Gottesdienstraum verlassen hatte, fragten ihn seine Verwandten: «Ist das Speiseopfer vorbei? Bring alles her.» Der Junge sagte: «Ja; der Herr hat alles aufgegessen.» Sie sagten: «Was soll das heißen?» Der Junge sagte in seiner Einfalt: «Wieso? Der Herr hat doch alles aufgegessen!» Als sie in den Gottesdienstraum traten und alles sahen, waren sie sprachlos.

Es kommt auf die geistige Einstellung an

Srī Rāmakrishna (zu Prānkrishna): Das sag ich dir, man braucht ein übernatürliches Auge. Wenn der Geist *(manaḥ)* rein geworden ist, bekommt man dieses Auge. Zum Beispiel eine Kumārī-Pūjā[34]. In einem Mädchen, das sich noch beschmutzt, habe ich deutlich die Verkörperung der Göttin gesehen. Der Ehemann gibt einerseits der Frau, andererseits dem Sohn Zuneigung, doch auf unterschiedliche Weise. Das bedeutet, auf die geistige Einstellung kommt alles an. Durch den reinen

[34] Der rituelle Gottesdienst *(pūjā)* zur Verehrung einer Jungfrau *(kumārī)*, der wegen ihrer Unberührtheit und Reinheit gottähnliche Eigenschaften zugesprochen werden.

Geist *(śuddha manḍ)* entsteht eine spirituelle Stimmung *(bhābḍ)*. Wer einen solchen Zustand erreicht, kann Gottes Schau im Familienleben bekommen, dann wird Sādhanā notwendig.

Sādhanā ist notwendig. Es ist bekannt, daß man sich leicht an eine Frau bindet. Eine Frau liebt von Natur aus einen Mann; ein Mann liebt von Natur aus eine Frau. Darum fallen beide zusammen rasch.

Doch andererseits ist das Familienleben sehr vorteilhaft. Wenn es wirklich nötig ist, gut, dann können Mann und Frau miteinander verkehren (lächelt.) Warum lachst du, M.?

M. (zu sich selbst): Weil Familienleute nicht ganz und gar allem entsagen können, gestattet Srī Rāmakrishna ihnen, so weit zu gehen. Ist vollständiges *brahmacarya* im Familienleben wirklich ganz unmöglich?

Vom Festhalten an der Wahrheit

Srī Rāmakrishna (zu Prānkrishna und anderen Bhaktas): Und wer im Familienleben bleibt, muß radikal an der Wahrheit festhalten. Einzig durch die Wahrheit kann man Gott erreichen. Allerdings bin ich jetzt nicht mehr so radikal im Festhalten an der Wahrheit. Früher bin ich furchtbar radikal gewesen. Wenn ich sagte: «Ich gehe baden» und war dann in den Ganges gestiegen, hatte die Mantras gesprochen, hatte auch etwas Wasser auf meinen Kopf gespritzt, befürchtete ich trotzdem, daß ich mein Bad nicht vollständig genommen hatte! «Ich gehe da-und-da hin, um meine Notdurft zu verrichten» – dann mußte ich *dort*hin gehen. Ich hatte Rāms Haus in Kalkutta besucht. Zufällig sagte ich: «Ich will keine *luci*[35] essen.» Als es zu essen gab, bekam ich wieder Hunger. Aber ich hatte «Ich

[35] In Öl gebratene Weizenfladen, eine Delikatesse in Bengalen.

will keine *luci* essen» gesagt, darum hab ich mir mit Süßigkeiten den Bauch gefüllt. (Alle lachen.)
Jetzt bin ich allerdings nicht mehr so radikal. Ich brauchte nicht auszutreten, hatte aber gesagt: «Ich gehe austreten» – was nun? Ich fragte Rām[36]. Der sagte: «Es ist sinnlos zu gehen.» Dann kam ich zu dem Entschluß: «Alles ist doch Gott. Rām ist auch Gott. Warum soll ich also nicht gehorchen?[37]

Gott in jedem Menschen verehren

Srī Rāmakrishna: Vor langer Zeit sagte Baishnab Charan: «Wer im Menschen Gott schaut, der hat volles Jñāna erreicht.» Jetzt sehe ich, es ist Gott selbst, der in so vielen Formen umherwandert. Manchmal als Sādhu, manchmal als Schwindler, anderswo als Schurke. Darum sag ich: Gott-als-Sādhu, Gott-als-Schwindler, Gott-als-Schurke, Gott-als-Lüstling.
Jetzt mache ich mir Sorgen, wie ich allen zu essen geben kann.[38] Am liebsten würde ich allen zu essen geben. Drum behalte ich jeweils einen [von euch] bei mir und geb ihm zu essen.

Gegen dogmatische Enge

Srī Rāmakrishna: Die Brāhmo-Jñānīs glauben an Gott ohne Form. Vielleicht haben sie recht. Wer ihn aus ganzem Herzen anruft, tut genug. Wer aus ganzem Herzen handelt, den wird Gott, der doch im Innern

[36] Der Priester des Rādhākānta-Tempels in Dakshineswar.
[37] Anspielung auf die vishnuitische Lehre, der zufolge alle Menschen, sogar alle Lebewesen, Nārāyana (ein Name Vishnus) sind. Hier versteht Rāmakrishna die Antwort Rāms als ein Wort von Gott (Nārāyana) selbst.
[38] Um Gott in den Menschen zu dienen.

wohnt *(antaryāmī)*, gewiß lehren, was sein wahres Wesen ist.
Doch das ist nicht gut – zu sagen: Was wir verstanden haben, das ist richtig, und was andere sagen, ist alles falsch. Wir sagen, Gott ist ohne Form, folglich ist er ohne Form, er hat keine Form. Wir sagen, Gott hat eine Form, folglich hat er eine Form, er ist nicht ohne Form. Kann der Mensch mit Gott an ein Ende kommen?

Pflichten gegenüber den Menschen und gegenüber Gott

Hier zeigt sich, daß Rāmakrishna keine bedingungslose Weltentsagung befürwortete. Niemand soll sich von Familienleben und Gesellschaft absondern, ohne zuvor seine Pflichten («Schulden») der Familie und Gesellschaft gegenüber zu erfüllen. Diese Forderung ist schon in frühen Gesetzbüchern erhoben worden, als der Vier-Stufen-Lebensweg (s. Glossar unter āśrama*) einen Ausgleich zwischen Familien- und Mönchsleben als Ideal vorschlug. Ziel bleibt auch hier eine Überhöhung und Abkehr von der Sphäre der «weltlichen» Menschen. Rāmakrishna zufolge ist diese Abkehr nur erlaubt, (erstens) wenn dadurch keine von dem Gottsucher abhängigen Menschen in Not geraten und (zweitens) wenn er so stark von Bhakti und Prema durchdrungen ist, daß er für das Leben in der Gesellschaft keinen «Sinn» mehr hat, dafür untauglich geworden ist. Daß sich Gottesliebe auf eine solche Weise ausdrücken muß, entspricht der Emotionalität des Bhakti-Ideals.*

Srī Rāmakrishna: Man muß so viele Schulden abtragen. Schulden bei den Göttern, Schulden bei den Verkündern der heiligen Schriften *(ṛṣi)*, dann Schulden bei der Mutter, Schulden bei dem Vater, Schulden bei der Ehefrau. Wer die Schulden bei Vater und Mutter nicht abträgt, kann nichts erreichen.

Auch bei der Ehefrau hat man Schulden. Harish hat seine Frau verlassen und wohnt hier. Hätte seine Frau nicht genug zu essen, dann würde ich ihn einen liederlichen Kerl nennen!

Wer Jñāna erreicht hat, wird seine eigene Ehefrau als eine Verkörperung der Muttergöttin sehen. In der «Chandī» heißt es: «Welche Göttin in allen weiblichen Lebewesen als Mutter wohnt.»[39] Gott ist Mā geworden.

So viele Frauen du siehst, alle sind Gott. Ich kann darum auch Brinde nichts sagen.[40] Manche spucken Lehrverse, machen große Worte, doch ihr Benehmen ist anders. Rāmprasanna rennt hin und her mit nur einer Sorge: wie er für den Hatha-Yogī Opium und Milch bekommen kann. Er sagt auch: «Bei Manu heißt es[41], man soll den Sādhus dienen.» Und hier bekommt seine alte Mutter nicht zu essen; sie muß selbst zum Markt gehen. Das ärgert mich ja so sehr!

Doch eins sag ich euch: Wer von Gottesliebe *(prema)* berauscht ist, weiß nicht mehr, wer Vater, wer Mutter, wer Ehefrau ist. Solche Liebe hat er zu Gott, daß er wie ein Narr geworden ist! Der hat keine Pflichten mehr. Von allen Schulden ist er frei. Was ist das, berauscht von Gottesliebe? Wer in diesen Zustand gerät, der vergißt die Welt. Den eigenen Körper, der einem so teuer ist, den vergißt er auch. Das ist Chaitanya so passiert. Er sprang ins Meer und wußte nicht, daß es das Meer war. Immer wieder warf er sich zu Boden. Keinen Hunger, keinen Durst, keinen Schlaf. Er hatte überhaupt kein Bewußtsein von seinem Körper.

[39] In Sanskrit.

[40] Rāmakrishna kann seine Magd Brinde darum nicht schelten.

[41] In der *Manu-Smṛti*, einem alten Gesetzbuch des Hinduismus.

Die Narrheit der Gottesliebe

SRĪ RĀMAKRISHNA: Rādhā war berauscht von Gottesliebe *(premā)*. Es gibt auch den Rausch der Bhakti. Wie ihn Hanumān hatte. Als er Sītā ins Feuer eintreten sah, wollte er Rāma schlagen.[42] Dann gibt es den Rausch des Jñāna. Ich habe einen Jñānī gesehen, der sich wie ein Narr benahm. Das war kurz nach der Einweihung des Kālī-Tempels. Die Leute sagten, er sei ein Mitglied von Rām Mohan Roys Brāhmo-Sabhās gewesen. An einem Fuß eine zerrissene Sandale, in der Hand einen Bambuszweig und eine Lehmtasse mit einem Mangosproß. Er badete im Ganges. Dann ging er in den Kālī-Tempel. Haladhārī saß gerade im Kālī-Tempel. Dann wurde er närrisch und begann ein Preislied zu singen....

Er ging zu einem Hund, zog ihn beim Ohr und aß dessen verunreinigtes[43] Essen – der Hund ließ ihn gewähren. Ich begann damals auch in so einen Zustand zu geraten. Ich packte Hriday beim Nacken und sagte: «*O-ree* Hriday, werd ich auch in so eine Raserei geraten?»

Ich war närrisch! Nārāyan Shastrī sah, wie ich mit einer Bambusstange auf der Schulter umherlief. Dann sagte er zu den Leuten: «Er ist verrückt geworden.»[44]

In diesem Zustand gab es für mich keine Kastenunterscheidungen, nichts. Einer aus einer niedrigen Kaste brachte mir oft gekochten Spinat von seiner Frau, ich aß ihn.

42 Szene aus dem Epos «Rāmāyana»: Hanumān ist das mythologische Vorbild eines dienenden Bhakta; er war Rāma und seiner Ehefrau Sītā in demütiger Liebe ergeben. Rāma mißtraute der Reinheit seiner Frau und forderte sie auf, zur Probe ein Feuer zu betreten. Diese Demütigung Sītās erzürnte Hanumān.

43 *ucchiṣṭa*; durch die Berührung des Hundes ist das Essen «unrein» geworden. Wer davon ißt, wird selbst (rituell) unrein.

44 In Hindi.

Im Kālī-Tempel hatten die Bettler gegessen; ihre Blatt-Teller berührte ich mit dem Kopf und dem Mund. Haladhārī sagte mir dann: «Was tust du denn da? Du hast die Essensreste der Bettler gegessen? Wie sollen deine Kinder jetzt heiraten?»[45] Darauf geriet ich in Zorn. Haladhārī ist [wie] mein älterer Bruder. Aber was machte das schon aus. Ich sagte zu ihm: «Lümmel du, liest du nicht die Bhagavad-Gītā und den Vedānta? Lehrst du nicht: ‹Brahman ist wirklich, die Welt ist unwirklich›? Meinst du, ich würde trotzdem Kinder in die Welt setzen! Verseng dir das Maul, das die Gītā plappert!»
(Zu M.) Sieh, Studium allein genügt nicht. Die vorgeschriebenen Takte der Trommel kann man leicht auswendig hersagen, sie mit den Händen zu spielen, ist furchtbar schwer.

Srī Rāmakrishna fuhr fort, den Zustand seiner Jñāna-Verzückung zu beschreiben:

Mit Mathur Bābu machte ich im Hausboot ein paar Tage lang einen Erholungsausflug. Auf dieser Reise fuhren wir auch nach Nabadwīp. Im Hausboot sah ich, wie die Bootsleute kochten. Ich stand neben ihnen. Mathur Bābu fragte: «Bābā, was machst du da?» Ich sagte lachend: «Die Bootsleute kochen gute Sachen.» Mathur Bābu begriff: Womöglich bittet er und ißt mit! Darum sagte er: «Bābā, komm her, komm her!»[46]

[45] Wegen der (rituellen) Verunreinigung kann der Brahmane Rāmakrishna sogar seine Kaste verlieren, ein Verlust, der sich auf die Nachkommen übertragen würde. Folglich wäre es geradezu unmöglich, daß Rāmakrishna seine Kinder innerhalb seiner Brahmanen-Kaste verheiratet. Rāmakrishna hat jedoch längst auf Heirat und eigene Kinder verzichtet.

[46] Die Bootsleute gehören einer niedrigen Kaste an, darum sollte Rāmakrishna als Brahmane nicht mit ihnen essen.

Jetzt kann ich das aber nicht mehr. In einer solchen Stimmung bin ich nicht mehr. Jetzt ist ein Brahmane nötig, sind rituelle Zubereitungen nötig, ist das Speiseopfer an Gott nötig – dann esse ich erst.[47]

Was für Stimmungen ich durchgemacht habe! Zu Hause sagte ich zu Chine Syānkārī und anderen gleichaltrigen Freunden: «*O-ree*, ich falle euch zu Füßen und flehe euch an: Ruft doch ‹Haribol›!» Ich wollte allen zu Füßen fallen! Darauf sagte Chine: «*O-ree*, das ist der erste Ausbruch deiner Liebessehnsucht, deshalb meinst du, alle Menschen seien gleich geworden.» Wenn ein Sturm aufkommt und der Staub hochwirbelt, erscheinen Mangobäume, Tamarindenbäume, alle wie eins. Was ein Mangobaum, was ein Tamarindenbaum ist, kann man nicht mehr erkennen.

Ein Bhakta: Wenn Menschen mit Familie diese Bhakti-Verzückung oder Prema-Verzückung oder Jñāna-Verzückung erfahren, wie können sie dann ihr Leben fortsetzen?

Srī Rāmakrishna (auf den Bhakta mit Familie blikkend): Es gibt zwei Arten von Yogīs. Die eine offenbart ihr Wesen, die andere verbirgt es. Im Familienleben verbirgt ein Yogī sein Wesen. Niemand kann ihn erkennen. Für den Familienvater ist innere Entsagung angebracht, nicht äußere Entsagung.

Innere Festigkeit und Vorsicht sind notwendig

Srī Rāmakrishna: Wer ein Bhakta Gottes ist, der braucht eine Einsicht, die unwandelbar ist. Wie der Amboß in einer Schmiede. Der Schlag des Hammers

[47] Jetzt ist Rāmakrishna wieder so weit «bei Sinnen», daß er Kastenunterschiede anerkennt und auch die Mahlzeit erst zu sich nimmt, nachdem die Speisen rituell von einem Priester Gott aufgeopfert worden sind.

fällt doch unaufhörlich darauf, trotzdem ist er unverändert. Unehrliche Menschen mögen dir noch so viel sagen, dich verleumden! Wenn du den Herrgott von Herzen willst, wirst du alles ertragen. Kann man inmitten schlechter Menschen etwa nicht mehr an Gott denken? Sieh, die Rishis haben mitten im Wald an Gott gedacht. Auf allen Seiten Tiger, Bären, verschiedene wilde Tiere. Schlechte Menschen haben den Charakter von Tigern und Bären. Sie verfolgen dich, um dir zu schaden.

Vor diesen paar Dingen sollt ihr euch in acht nehmen: Zuerst vor bedeutenden Leuten. Geld und Menschen [die ihnen zu Diensten sind] haben sie in Fülle; wenn sie wollen, können sie euch schaden. Mit ihnen müßt ihr vorsichtig sprechen. Vielleicht müßt ihr ihren Worten äußerlich zustimmen. Dann vor Hunden. Wenn ein Hund auf euch losgeht oder *wau-wau* macht, dann müßt ihr stehenbleiben und ihn durch Geräusche beruhigen. Dann vor Stieren. Wenn sie euch stoßen wollen, müßt ihr auch sie durch Geräusche beruhigen. Dann vor Betrunkenen. Wenn ihr sie zum Zorn reizt, dann verwünschen sie eure Ahnen bis ins vierzehnte Glied. Ihr müßt ihnen sagen: «Hallo Onkel, wie geht's?» Dann sind sie sehr froh und werden sich zu euch setzen und rauchen.

Wenn ich schlechte Menschen sehe, werde ich wachsam. Kommt einer und sagt: «*O-hee*, gibt's bei dir eine Wasserpfeife zu rauchen?», sage ich: «Ja.»

Einige Menschen haben den Charakter von Schlangen. Man weiß nie, wann sie beißen. Um dem Biß auszuweichen, braucht man eine klare Unterscheidungsgabe. Sonst reizt dich vielleicht der Zorn so stark, daß du ihnen deinerseits Schaden zufügen willst. Die Gemeinschaft von guten *(sat)* Menschen ist hin und wieder sehr notwendig. Wer die Gemeinschaft von guten Menschen pflegt, der bekommt die Fähigkeit, das Wahre *(sat)* vom Unwahren *(asat)* zu unterscheiden.

Rāmakrishna in Sāmadhi

Narendra saß Srī Rāmakrishna gegenüber. Er war nun etwa 22 oder 23 Jahre alt. Während Srī Rāmakrishna sprach, fiel sein Blick auf Narendra. Srī Rāmakrishna stand auf und geriet in Samādhi. Er stellte einen Fuß auf Narendras Knie und blieb so stehen: völlig ohne Bewußtsein von der Außenwelt, die Augen reglos.
Nach langer Zeit verging sein Samādhi. Noch immer war der Rausch der Glückseligkeit nicht verflogen. Srī Rāmakrishna sprach zu sich selbst, in ekstatischer Stimmung sprach er die Namen Gottes aus. Er sagte: «Sat-Chit-Ānanda! Sat-Chit-Ānanda! Sat-Chit-Ānanda! Nochmal? Nein, heute sag ich: ‹Geberin der Glückseligkeit›! ‹Mutter voll der Glückseligkeit›![48] *Sā re gā mā pā dhā nī.* Bei *nī* stehenzubleiben ist nicht gut – lange kann man das nicht aushalten.[49] Ich will einen Ton tiefer bleiben.»

Gebet zu Rāma

Srī Rāmakrishna betete nun: O Rāma! O Rāma! Ich singe deine Namen nicht, übe keine Askese, bin ohne Jñāna, ohne Bhakti – ich tue nichts! Ich nehme Zuflucht zu Rāmas Füßen! O Rāma, ich nehme Zuflucht zu deinen Füßen! Ich will keine Annehmlichkeiten des Leibes, Rāma! Ich will keinen Ruhm unter Menschen, Rāma! Ich will nicht die acht übernatürlichen Kräfte *(siddhi)*, Rāma! Ich will nicht die hundert übernatürlichen Kräfte, Rāma! Ich nehme Zuflucht zu deinen Füßen, ich nehme Zuflucht zu deinen Füßen! Nur das tu: Gib mir reine Bhakti zu deinen Lotosfüßen, Rāma!

[48] Mutter Kālī.

[49] Tonleiter; den höchsten Ton kann man nicht lange singen, weil er zum Beginn der nächsten Oktave hindrängt. Ebenso ist es nicht gut, auf einer sehr hohen Ebene der Ekstase zu bleiben.

Und laß mich nicht ertrinken in deiner weltverzaubernden Māyā. O Rāma, ich nehme Zuflucht zu deinen Füßen!

Der Glaube eines kleinen Jungen

Diese Szene ereignete sich in Kāmārpukur, Rāmakrishnas Geburtsort, den er mit «zu Hause» bezeichnet. Sibu (Sibarām) ist ein Neffe von Rāmakrishna und war dessen Spielgefährte während ihrer Kindheit.

Srī Rāmakrishna: Wenn man das wahre Jñāna erreicht, glaubt man, alle Dinge seien mit Bewußtsein *(caitanya)* erfüllt. Ich habe mich [früher] häufig mit Sibu unterhalten. Sibu war damals noch sehr jung – vier, fünf Jahre vielleicht. Damals wohnte ich zu Hause. Es donnerte und blitzte. Sibu sagte: «Onkel, da schlagen sie wieder aus dem Feuerstein Funken!» (Alle lachen.) Eines Tages sah ich, wie er allein Libellen fangen ging. In der Nähe raschelten die Blätter der Bäume. Dann sagte er zu den Blättern: «Psst psst! Ich will Libellen fangen!» Ein Junge sieht alles mit Bewußtsein erfüllt. Wer keinen einfachen Glauben, nicht den Glauben eines kleinen Jungen hat, kann Gott nicht erreichen.

Gott in der Gestalt eines zornigen Sādhu

Zum Pañchabatī kam ein Sādhu, ein sehr zorniger Sādhu. Mit jedem x-beliebigen Menschen fing er Streit an und verfluchte ihn. Er kam mit Holzsandalen ins Zimmer.[50] Der Sādhu sagte: «Habt Ihr Feuer für mich?»[51]

[50] Es gilt als unhöflich, mit Sandalen ein Zimmer zu betreten, vor allem das Zimmer eines heiligen Menschen.

[51] In Hindi.

Srī Rāmakrishna begrüßte den Sādhu mit zusammengelegten Händen und blieb mit zusammengelegten Händen stehen, solange er anwesend war.
Als der Sādhu weggegangen war, sagte Bhabanāth grinsend: «Wieviel Bhakti Ihr für den Sādhu habt!»

SRĪ RĀMAKRISHNA (lächelnd): *O-ree*, das ist Gott-mit-*tamas*-Gesicht! Denen, die *tamas* besitzen, muß man auf diese Weise gefällig sein. Immerhin ist er ein Sādhu.

Wir sollen alle Menschen lieben

BHABANĀTH (bescheiden): Wenn ich mit Leuten einen Streit habe, ist mir ganz unwohl. Dann habe ich doch nicht alle Menschen lieben können.

SRĪ RĀMAKRISHNA: Versuche zunächst einmal mit ihnen zu sprechen, ein Gefühl von Freundschaft zu schaffen. Wenn dir das trotzdem nicht gelingt, dann kümmere dich nicht weiter darum. Nimm deine Zuflucht bei Gott. Denke an ihn. Es ist unnötig, ihn aus dem Sinn zu verlieren und um anderer Leute willen unruhig zu werden.

BHABANĀTH: Christus und Chaitanya, sie haben gesagt, wir sollen alle Menschen lieben.

SRĪ RĀMAKRISHNA: Natürlich sollen wir alle Menschen lieben – weil in allen Lebewesen Gott wohnt. Doch böse Menschen soll man aus der Ferne ehrfürchtig grüßen.

Von der Verachtung des Geldes

In der frühen Phase seiner Sādhanā hat sich Rāmakrishna darum bemüht, nicht nur ohne Geld und Besitz zu leben, sondern auch Besitzerstolz und das Bewußtsein von dem Wert des Geldes und Reichtums abzulegen. Er nahm einen Erdklumpen in die eine, ein Geldstück in die andere Hand und sagte: «Geld ist Erde, Erde Geld!» und warf den Inhalt beider Hände in den Ganges. Später war er nicht mehr fähig, Geld auch nur anzurühren, ohne akute körperliche Schmerzen zu empfinden.

Srī Rāmakrishna: Erreiche ich Gott, werde ich alle erreichen. «Geld ist Erde, Erde Geld *(ṭākā māṭi, māṭi-i ṭākā)* – Gold ist Erde, Erde Gold.» Mit diesen Worten habe ich Entsagung eingeübt, habe ich [Geld und Gold] in den Ganges geworfen. Dann habe ich Angst gekriegt: Wenn Mā Lakshmī zornig wird? Den Reichtum von Lakshmī habe ich verachtet. Wenn sie mir das Essen wegnimmt? Dann habe ich gesagt: «Mā [Kālī], dich will ich, sonst will ich nichts.» Erreiche ich sie, werde ich alles erreichen.

Bhabanāth (lächelnd): Händlergeist!

Srī Rāmakrishna (lächelnd): Ja, ein bißchen Händlergeist ist dabei. Gott erschien jemandem und sagte: «Ich habe großes Gefallen an deiner Askese. Ich will dir einen Wunsch erfüllen.» Der Asket sagte: «Wollt ihr mir einen Wunsch erfüllen, so erfüllt mir diesen: Daß ich mit meinen Enkeln von goldenen Tellern esse.» In *einem* Wunsch waren mehrere enthalten: Reichtum, Kinder, Enkel! (Alle lachen.)

Ritueller Gottesdienst und Ekstase

In der spirituellen Rangfolge stehen Meditation und Ekstase über den rituellen Gottesdiensten. Der Hindu wird dazu angehalten, täglich im eigenen Haus oder in einem Tempel Pūjās zu feiern; dazu gehört der Abendgottesdienst kurz nach Einbruch der Dunkelheit (sandhyā), *der im wesentlichen aus Ārati, dem zeremoniellen Schwenken heiliger Gegenstände vor dem Gottesbild, besteht. Diese rituellen Gottesdienste, regelmäßig und ehrfürchtig gefeiert, helfen, ein höheres Bewußtsein und Liebe zu*

Gott zu wecken. Sie reinigen das Denken und Fühlen. Erst wenn Bhakti durch Gottes Gnade und dank ihrer innewohnenden Dynamik kraftvoll und ekstatisch wird, wenn sie den Menschen «überrumpelt» und jede Regelmäßigkeit und Lebensordnung durcheinanderwirft, darf der Gottsucher die rituellen Gottesdienste aufgeben.

SRĪ RĀMAKRISHNA: Wie lange man das Abendgebet und andere Gebete verrichten soll? Solange man nicht Bhakti zu Gottes Lotosfüßen hat, solange man keine Tränen vergießt, wenn man Gottes Namen singt, und dabei der Körper nicht erbebt.[52]

....

Wenn die Frucht wächst, fällt die Blüte; wenn Bhakti wächst, wenn man Gott erreicht, verlassen einen das Abendgebet und die anderen Gebete.
Wenn eine Hausfrau ein Kind im Bauch hat, verringert die Schwiegermutter ihre Arbeit. Wenn zehn Mondmonate vorbei sind, erlaubt sie ihr keine Hausarbeit mehr. Ist das Kind dann geboren, hält sie es nur auf dem Schoß und sorgt für das Kind. Überhaupt keine Arbeit gibt's für sie. Wer Gott erreicht hat, gibt das Abendgebet und die anderen Gebete auf.

Man kann sich Gott aufzwingen!

Wenn Rāmakrishna die Göttin Kālī «Mutter» nennt, meint er es wörtlich-konkret: Sie besitzt sämtliche Rechte und Pflichten einer leiblichen Mutter, so wie er die eines Kindes in Anspruch nimmt. Wie ein Kind auf die Mutter eindringt, mit ihr rechtet, sie durch Weinen und Quengeln beeinflußt und nötigt, ebenso kindlich darf ein Bhakta, der Kālī als Mutter verehrt, handeln. Dieser naive Realismus der Mensch-Gott-Beziehung wird im

[52] Wörtlich: sich die Härchen auf dem Körper nicht [vor Wonne] aufrichten.

Leben des Bhakta in vielen Einzelheiten ausgestaltet und durchgehalten. Dahinter steht die Forderung nach einem kindlichen Glauben (einem «Glauben wie ein kleiner Junge»), der rein und unbedingt ist; das Kind kann ohne die Mutter nicht leben, es kennt nur sie.

Im Christentum kommt die franziskanische Spiritualität diesem durch kindliche Phantasie genährten Glauben nahe. Franziskus verehrte das Gotteskind in der Krippe und fühlte sich immer wieder dazu gedrängt, gewisse biblische Situationen spontan nachzugestalten. Insgesamt jedoch ist dem Christ der Gebrauch der Phantasiekräfte für den Glauben jahrhundertelang verwehrt worden. Bibeltreue verlangte Interpretation – nicht Ausgestalten der biblischen Szenen durch Phantasie und kindliche Spontaneität.

Im zweiten Teil erwähnt Rāmakrishna einige Hindernisse zur Erlangung reiner Bhakti: der Wunsch, ein Weltverbesserer zu sein, der mit humanitären Projekten, mit seiner Ehre beschäftigt ist, sich mit vielerlei Tätigkeiten zerstreut, anstatt sich auf Gott zu sammeln und «närrisch» vor Gottesliebe zu werden. Rāmakrishna lehnt nicht die helfende Barmherzigkeit gegenüber anderen Menschen an sich ab, doch wendet er sich gegen die Übung der Barmherzigkeit aus selbstsüchtigen und oberflächlichen Motiven. Die Möglichkeit einer harmonischen, wenn auch spannungsreichen Integration von Gottesliebe und selbstlos helfender Barmherzigkeit ist in der Spiritualität Rāmakrishnas allerdings nur ausnahmsweise und nach langer spiritueller Vorbereitung (Sādhanā) gegeben.

SRĪ RĀMAKRISHNA: Sie ist doch deine eigene Mutter! Ist sie eine Rabenmutter[53]? Sie ist eine ‹Patenmutter›! Wenn du von ihr nichts erzwingen kannst, von wem kannst du dann was erzwingen?

[53] D.h. eine Mutter, die man nur so nennt, aber nicht die eigene Mutter ist.

Mā, bin ich etwa ein Achtmonatskind[54]?
Deine rot-starrenden Augen fürcht ich nicht.
Nun beschwere ich mich bei Srī Nāth
und werde mit einem Streich gewinnen.

Deine eigene Mutter ist sie! Zwinge dich ihr auf! Wessen Wesen du teilst, dessen Anziehung spürst du. Da in mir ein Teil von Mutters Wesen lebt, fühle ich mich von Mutter so angezogen. Nur ein echter Sivait nimmt einen Wesensteil von Siva in sich auf. Einige Elemente gehen in ihn über. Nur ein echter Vishnuit empfängt in seinem Innern einen Wesensteil von Nārāyana. Und wenn du so weit bist, brauchst du auch nicht mehr in dieser Welt tätig zu sein. Jetzt denke ein paar Tage an Gott. Du hast doch gesehen, in dieser Welt ist nichts.

Srī Rāmakrishna sang wieder mit seiner melodischen Stimme:

Denk daran, Geist, keiner gehört zum andern,
umsonst irrst du durch diese Welt.
Gefesselt im Netz der Māyā,
vergiß nur Mutter Kālī nicht.

Zwei, drei Tage lang ehrt jeder dich
als Herr und Gebieter. Dieser Gebieter sinkt
in sich zusammen, erscheint der wahre Meister Tod.

Deine Frau, die du mit großer Sorge liebst,
wird die wohl mit dir gehen?
Dieselbe Frau wird den Ort reinscheuern,
weil's Unglück bringen könnte.[55]

[54] D. h. ein schwächliches Kind.

[55] Der Ort, an dem Leichen gelegen haben, gilt als rituell unrein und muß mit einem Gemisch aus Kuhmist und Wasser abgewaschen werden, damit er kein Unglück anzieht.

Und warum schlichtest du Streit, sagst Menschen, was sie tun sollen? Du schlichtest Streit und Meinungsverschiedenheiten, sie machen dich zum Schiedsrichter, höre ich. Das machst du doch schon sehr lang. Die sowas machen wollen, laß sie gewähren. *Du* sollst dich jetzt mehr auf Gottes Lotosfüße sammeln. Es heißt: «Rāvana ist in Lankā gestorben, und Behulā vergießt Tränen heftigen Schmerzes!»[56]
Auch Sambhu hat gesagt: «Ich will Krankenhäuser und Apotheken bauen.» Er war ein Bhakta. Darum habe ich geantwortet: «Wenn sich dir Gott offenbart, wirst du ihn bitten, Krankenhäuser und Apotheken zu errichten?!»[57]
Keshab Sen hat gesagt: «Warum schaue ich Gott nicht?» Da habe ich gesagt: «Ehre, Wissen, mit all diesen Dingen bist du beschäftigt, nicht wahr? Darum wird's nichts.» Solange das Baby am Schnuller saugt, kommt die Mutter nicht, an einem roten Schnuller. Wenn es etwas später den Schnuller wegwirft und schreit, dann stellt die Mutter den Reistopf vom Feuer und kommt.
Du sagst den Menschen, was sie tun sollen. Mutter denkt: «Meinem Kind macht's Spaß, die Menschen anzuführen. Gut, soll es so weitermachen.»

In der Zwischenzeit hielt Īshan Srī Rāmakrishnas Füße in seinen Händen. Er sagte bescheiden: «Das alles tue ich gewiß nicht aus eigenem Antrieb.»

[56] Rāvana und Behulā haben nicht in derselben Epoche gelebt und kennen einander nicht; das Sprichwort will einen Menschen charakterisieren, der glaubt, er müsse sich um alle und alles kümmern.

[57] Eine ausführliche Beschreibung dieser Episode s. «Srī Rāmakrishna – Setze Gott keine Grenzen». S. 64–66.

Śrī Rāmakrishna: Das weiß ich. Es ist allein Mutters Spiel! Ihre Līlā! Uns in der Welt gefangenzuhalten, das ist der Wunsch der Mahā-Māyā.

....

Śrī Rāmakrishna: Streit schlichten, Menschen anführen, was ist das schon? Barmherzigkeit *(dayā)*, Hilfe für andere? Von all dem hat's viel gegeben! Die das alles tun wollen, gehören zu einer anderen Klasse. Für dich ist die Zeit gekommen, dein Denken auf Gottes Lotosfüße zu sammeln. Wer ihn bekommt, kann alles bekommen. Zuerst ihn, danach Barmherzigkeit, Hilfe für andere, Hilfe für die Welt, Seelen retten. Was gehen dich solche Beschäftigungen an?

....

Sei närrisch, sei närrisch vor Gottesliebe! Laß die Leute ruhig erfahren, daß Īshan jetzt närrisch geworden ist und zu nichts mehr fähig ist. Dann kommen sie nicht mehr zu dir, damit du Streit schlichtest und ihnen sagst, was sie tun sollen.

Gott in allen Lebewesen und Dingen

Śrī Rāmakrishna: In was für einem Zustand ich war! Wie lange ich in Hara-Gourī entrückt war! Dann wie lange in Rādhā-Krishna. Von Zeit zu Zeit in Sītā-Rāma. In Rādhā entrückt, schrie ich «Krishna Krishna», in Sītā entrückt, schrie ich «Rāma Rāma».[58]
Doch diese Līlā ist nicht das Ende. Nach all diesen Entrückungen habe ich gesagt: «Mā, in all diesen gibt es Trennung. Führe mich in einen Zustand, bei dem es keine Trennung gibt.» Darum bin ich ein paar Tage im ungeteilten Sat-Chit-Ānanda, in dieser Entrük-

58 Hara-Gourī sind Namen für das göttliche Paar Siva und Durgā. Wörtl. heißt es im «Hara-Gourī-Zustand» usw., d.h. in der Kontemplation der Liebe zu Hara durch die Identifikation mit Gourī.

kung, geblieben. Die Bilder der Götter habe ich aus dem Zimmer entfernt. Ich habe begonnen, Gott in allen Lebewesen zu schauen. Keine Pūjā mehr! Der Bel-Baum dort! Ich habe oft Blätter von diesem Bel-Baum gepflückt. Als ich eines Tages ein Blatt vom Baum riß, kamen ein paar Holzfasern mit heraus. Ich sah, der Baum ist voll von Bewußtsein *(caitanya)*. Es schmerzte mich. Ich schnitt *dūrva*-Gras[59] und merkte, auf diese Art konnte ich es nicht mehr schneiden. Dann habe ich mich gezwungen, es zu schneiden.
Ich kann keine Zitrone zerschneiden. Einmal habe ich's doch mit viel Mühe geschafft, «Jay Kālī!»[60] rufend vor ihrem Angesicht eine wie ein Opfertier zu zerschneiden. Eines Tages, als ich Blumen pflückte, zeigten sich die Bäume in voller Blüte, als habe gerade eine Virāt-Pūjā stattgefunden. Es sah aus, als liege ein Strauß Blumen auf Virāts Haupt! Ich konnte keine Blumen mehr pflücken.[61]
Gott spielt seine Līlā auch als Mensch. Ich sehe Nārāyana in ihm geoffenbart. Feuer entspringt, wenn man Holz aneinanderreibt; ebenso kannst du, wenn du Bhakti-Glut besitzt, Gott im Menschen schauen. Wenn der Köder richtig ist, fressen ihn große *rui*- und *kātlā*-Fische *schnapp*! auf.[62]
Wer närrisch vor Gottesliebe wird, sieht Gott in allen Lebewesen geoffenbart. Die Milchmädchen haben Srī Krishna in allen Lebewesen geschaut, sie erfüllt von

[59] Für die Pūjā.

[60] «Es lebe Kālī!»

[61] Virāt bezeichnet Gott in seiner kosmischen Manifestation. Rāmakrishna schaute den Kosmos als Gott-erfüllt; ihm war, als verehrten die Blüten an den Bäumen durch ihr Blühen den im Kosmos anwesenden Gott. Darum kann er keine Blätter und Blumen pflücken; er fürchtet, dadurch nicht nur die Pflanzen und Bäume zu verletzen, sondern auch Gott zu «verletzen».

[62] Mit einem guten Köder – der Bhakti – kann man große Fische – Gott – anlocken.

Krishna gesehen. Sie haben sogar gesagt: «Ich bin Krishna!» Zu dieser Zeit waren sie im Zustand ekstatischer Narrheit. Beim Anblick der Bäume haben sie gesagt: «Das sind Asketen, sie meditieren über Srī Krishna.» Beim Anblick des Grases haben sie gesagt: «Die Erde hat Srī Krishna berührt, sieh nur, darum stehen ihr die Haare zu Berge.»

Gott ist wie ein kleiner Junge

Srī Rāmakrishna: Kennst du die Merkmale eines Menschen, dem sich Gott geoffenbart hat? Er wird wie ein kleiner Junge. Warum wird er wie ein kleiner Junge? Gott selbst ist doch wie ein kleiner Junge! Darum, wer Gott schaut, der wird auch wie ein kleiner Junge.

Der Unterschied von Familienleben und entsagendem Leben

Srī Rāmakrishna (zu Narendra): Geht's dir gut? Stimmt es, daß du Girish Ghosh häufig besuchst?
Narendra: Ja, von Zeit zu Zeit.

Girish hatte vor einigen Monaten begonnen, Srī Rāmakrishna regelmäßig zu besuchen. Srī Rāmakrishna sagte: «Girishs Glaube ist unergründbar tief.» Sein Glaube war so stark wie seine Leidenschaft für Gott groß. Zu Hause war er immer trunken von dem Gedanken an Srī Rāmakrishna. Narendra besuchte ihn häufig. Haripada, Debendra und viele andere Bhaktas besuchten ihn häufig in seinem Haus. Girish unterhielt sich nur über Srī Rāmakrishna mit ihnen. Girish hatte eine Familie, doch Srī Rāmakrishna wußte, daß Narendra keine Familie gründen würde; er würde der Sinnenfreude und Besitzgier entsagen.

Srī Rāmakrishna sagte zu Narendra: Du besuchst Girish Ghosh häufig? Aber eine Tasse, in der Knoblauch war, magst du noch so oft waschen, ein wenig Geruch bleibt bestimmt drin. Die jungen Burschen sind reine Gefäße! Sinnenfreude und Besitzgier haben sie nicht berührt. Wer lange Zeit seiner Sinnenfreude und Besitzgier freien Lauf gelassen hat, der bekommt einen Knoblauchgeruch.[63]

Wie eine Mangofrucht, an der eine Krähe gepickt hat. Den Göttern kann man sie nicht opfern, man hat sogar Bedenken [sie zu essen].[64] Wie ein neuer Krug und ein Krug, in dem Joghurt gewesen ist. Man hat Angst, Milch in einem Krug aufzubewahren, in dem Joghurt gewesen ist. Oft verdirbt die Milch.

Die [Menschen mit Familie] gehören zu einer anderen Klasse. Bei ihnen gibt's Yoga *und* Bhoga. Das war auch Rāvanas Gesinnung; er wollte die Töchter der Schlangenwesen und die Töchter der Götter besitzen und gleichzeitig Rāmas Göttlichkeit erfahren. Die Asuras erfreuen sich auf mancherlei Weise, und gleichzeitig erfahren sie Nārāyana.

Narendra: Girish Ghosh hat seine früheren Gefährten verlassen.

Srī Rāmakrishna: In seinen alten Tagen zum Ochs kastriert worden! Ich habe das in Burdwan gesehen. Als ich einen Ochsen bei den Kühen herumlaufen sah, habe ich gefragt: «Was ist denn hier los? Das ist doch ein Ochse!» Dann sagte der Karrenführer: «Herr, der Ochse ist im hohen Alter kastriert worden. Darum ist der frühere Instinkt noch nicht vergangen.»

An einem Ort saßen ein paar Sannyāsīs. Eine Frau ging vorbei. Alle waren auf Gott gesammelt, nur einer warf

[63] D.h.: Wer einmal ein Familienleben geführt hat, bei dem bleibt eine Spur Weltlichkeit zurück, auch nachdem er ein entsagendes Leben begonnen hat.

[64] Man kann nur unversehrte Früchte in einer Pūjā Gott opfern.

einen Seitenblick auf sie. Der war Sannyāsī geworden, als er schon Vater von drei Kindern gewesen ist.

Kaiser Ākbar und der Fakir

Srī Rāmakrishna: Ein Fakir hatte sich im Wald eine Hütte gebaut und wohnte dort. Damals war Ākbar Shāh der Kaiser von Delhi. Viele Leute besuchten den Fakir. Er bekam großes Verlangen danach, seine Gäste gebührend zu bewirten. Einmal überlegte er: Wie kann man ohne Geld seine Gäste gebührend bewirten? Nun, ich besuche einmal Ākbar Shāh. Für Sādhus und Fakire ist seine Tür offen. Ākbar Shāh verrichtete gerade seine Gebete. Der Fakir ging in den Betraum und setzte sich. Er hörte, wie Ākbar Shāh zum Abschluß seiner Gebete sagte: «*He* Allah, gib mir Reichtum, gib mir Schätze» und wer-weiß-was-noch. Da wollte der Fakir aufstehen und den Betraum verlassen. Ākbar Shāh bat ihn mit einem Wink, sich zu setzen. Nach den Gebeten fragte der Kaiser: «Ihr seid gekommen, habt Euch gesetzt und geht gleich wieder?» Der Fakir sagte: «Es hat keinen Sinn, daß sich der Große König noch um meine Sache kümmert. Ich gehe weg.» Als ihn der Kaiser sehr bedrängte, sagte der Fakir: «Viele Leute kommen zu mir. Darum war ich gekommen, dich um ein wenig Geld zu bitten.» Ākbar fragte: «Warum wolltet Ihr trotzdem weggehen?» Der Fakir sagte: «Als ich hörte, daß auch du um Reichtum und Schätze bettelst, da dachte ich: Was wird schon daraus, wenn ich einen Bettler um Geld bitte? Muß ich bitten, will ich Allah bitten.»

Rāmakrishna erinnert sich an seine advaitische Erfahrung

Im Jahr 1866, als Rāmakrishna dreißig Jahre alt war, schloß er die Lebensperiode seiner Sādhanā mit dem krönenden Erlebnis einer sechsmonatigen, fast ununterbrochenen tiefen Entrückung (nirvikalpa-samādhi) *ab. Er nannte es seine advaitische Erfahrung: die Auflösung des Ich-Bewußtseins und Verschmelzung mit dem eigenschaftslosen, absoluten Gott (Brahman). Als später Schüler zu Rāmakrishna kamen, hat er häufig darüber gesprochen.*

Die nicht-dualistische Brahman-Erfahrung ist das Ziel im Advaita-Vedānta (a-dvaita = *Nicht-Dualität*). *Diese Erfahrung ist identisch mit der höchsten Stufe von Jñāna. Bhakti gilt dagegen als niedriger, weil sie Dualität (von Mensch und Gott) voraussetzt; Dualität ist nach indischem Empfinden selten der höchste Zustand. Während seiner advaitischen Entrükkung ist Rāmakrishna darum unfähig gewesen, die dualistische Bhakti auszuüben, ja überhaupt die Bhakti-Sphäre zu ertragen. Rāmakrishna betont, daß jemand, der die advaitische Erfahrung durchgemacht hat, im allgemeinen nicht zum normalen Menschenleben zurückkehrt: Sein Körper löst sich im Feuer der Gotteserfahrung auf. Nur wenn ein Avatāra, eine Herabkunft Gottes in Menschengestalt, diese Erfahrung macht, oder besonders erwählte Menschen, kehren sie zur Gesellschaft der Menschen zurück, um unter ihnen von ihren Erfahrungen zu sprechen, um sie zu lehren und als Gurū zu führen. In der Advaita-Erfahrung ist zwar ihr Ich-Bewußtsein «verbrannt», doch haben sie das «Ich des Wissens» zurückbehalten, d.h. gerade so viel (geläutertes) Ich-Bewußtsein, daß sie ihre Gotteserfahrung aussprechen und vermitteln, darüber Lehrbücher schreiben und Bhakti (also Dualität) üben können. Diese Menschen brauchen in besonderer Weise die Gesellschaft reiner Gottsucher, weil ihnen der Kontakt mit allen übrigen Menschen spirituell unangenehm ist.*

Srī Rāmakrishna: Uh, in was für einem Zustand ich war! Mein Denken und Fühlen *(manaḥ)* löste sich regelmäßig im Unteilbaren auf! Wie viele Tage lang! Der Bhakti und den Bhaktas habe ich [zu dieser Zeit] ganz entsagt. Ich wurde leblos. Ich spürte, mein Kopf hatte keine Form mehr,[65] die Lebenskraft *(prana)* verebbte. Ich will Rāmlāls Tante[66] zu mir rufen, dachte ich. Die [Gottes- und Heiligen-]Bilder und was noch im Zimmer war, habe ich alles wegbringen lassen. Und wenn ich zu Bewußtsein kam, als mein Denken und Fühlen wieder zurückkehrte, schnappte ich nach Luft.[67] Schließlich dachte ich: Womit soll ich weiterleben? Dann konnte ich mich wieder mit Bhakti und den Bhaktas befassen.

Dann ging ich umher und fragte die Leute: «Was ist bloß mit mir geschehen!» Bholanāth sagte: «Das steht im ‹Mahābhārata›.» Wenn jemand, der in Samādhi ist, vom Samādhi zurückkehrt, womit soll der leben? Darum braucht er Bhakti und Bhaktas. Bekommt er sie nicht, womit sollen sich seine Gedanken beschäftigen?

Mahimācharan (zu Srī Rāmakrishna): Wer in Samādhi ist, kann der überhaupt zurückkehren?

Srī Rāmakrishna (zu Mahimācharan, vertraulich): Das sag ich dir ganz allein. Du allein bist wert, das zu hören.

Kuar Singh fragte das oft. Zwischen Lebewesen und Gott ist ein großer Unterschied. Durch Sādhanā und Gottesdienst kann ein Lebewesen höchstens Samādhi erreichen. Wenn Gott herabkommt, kann er, auch wenn er in Samādhi gewesen ist, wieder [zum norma-

[65] D.h.: Ich spürte meinen Kopf nicht mehr.

[66] Sāradā, Rāmakrishnas Ehefrau. Nach traditioneller Sitte spricht Rāmakrishna nicht unmittelbar den Namen seiner Frau aus. Auch die Ehefrau nimmt den Namen des Ehemanns nicht in den Mund. Er wollte Sāradā zu sich holen, weil er befürchtete, im alltäglichen Leben nicht mehr allein zurechtzukommen.

[67] Wie ein Sterbender.

len Bewußtsein] zurückkehren.[68] Die Klasse der Lebewesen, die sind wie die Beamten eines Königs. Bis zum Vorhof des Königs gehen sie ein und aus. Das Haus des Königs hat sieben Stockwerke; doch nur der Königssohn kann sich in allen sieben Stockwerken frei bewegen und auch wieder hinausgehen. «Er[69] kommt nicht zurück, niemals mehr zurück», behaupten alle. Doch Sankarāchārya, Rāmānuja, was ist mit denen? Sie haben ihr «Ich des Wissens» zurückbehalten.

Mahimācharan: Gewiß. Wie hätten sie sonst Bücher geschrieben?

Srī Rāmakrishna: Und sieh, Prahlāda, Nārada, Hanumān, sie haben auch nach dem Samādhi Bhakti geübt.

Mahimācharan: Ja.

Srī Rāmakrishna: Ein paar glauben, weil sie etwas [religiöse] Bildung haben, sei wer-weiß-was aus ihnen geworden. Mag sein, daß sie etwas Vedānta gelesen haben. Doch wer wirkliches Jñāna erreicht, hat keine Ichsucht; das heißt, wenn jemand Samādhi erfährt und mit Gott eins wird, dann hat er keine Ichsucht mehr. Wer keinen Samādhi erfährt, erreicht nicht eigentlich Jñāna. Wer Samādhi erfährt, kann mit Gott eins werden. Dann bleibt keine Ichsucht übrig.

Weißt du, wie das ist? Genau zur Mittagszeit steht die Sonne gerade über dem Kopf. Dann blickt der Mensch nach allen Seiten und entdeckt, er hat keinen Schatten mehr. Ebenso, wer wirkliches Jñāna erreicht, Samādhi erreicht, dessen «Schatten» in der Form des Ich ist verschwunden.

[68] D.h.: wenn Gott als ein Avatāra zur Welt kommt. Er ist auch der «Königssohn» in der folgenden Parabel.

[69] Jemand, der Samādhi erreicht hat.

Gott ist in gewissen Menschen mehr als in anderen anwesend

Dieses Gespräch wurde gegen Ende von Rāmakrishnas Leben geführt, als Dr. Mahendralāl Sarkār dessen Kehlkopfkrebs behandelte. Der Doktor, ein Agnostiker, war an Gesprächen mit Rāmakrishna und seinen Schülern interessiert und blieb nach seiner Arztvisite oft lange im Zimmer. Er gab den Gesprächen einen lebhaften, oft auch humorvollen, Ton. Von Rāmakrishnas Frömmigkeit zeigte er sich tief beeindruckt.
Dr. Sarkār lehnt die advaitische Identität von menschlicher Seele und Gott ab sowie die daraus abgeleitete Auffassung, die Welt sei unwirklich, eine Täuschung. Er kann es mit seinem Nonkonformismus auch nicht vereinbaren, daß M. die Ehrbezeugungen seiner Schüler annimmt. M.s Einwand, die Schüler ehrten nur Nārāyana (Gott) in ihm, ist schwach und wird von Dr. Sarkār sogleich zerstört: Lebt Gott in allen Menschen, dann sollen die Schüler alle Menschen in gleicher Weise ehren (und M. soll Gott ebenso in den Schülern ehren).

Allmählich wandte sich das Gespräch Gott zu.

BHĀDURĪ: Soll ich dir was sagen? Alles ist wie ein Traum.

DOKTOR: Ist alles Täuschung[70]? Doch wessen Täuschung? Und warum diese Täuschung? Und warum reden alle, wenn sie doch von dieser Täuschung wissen? Ich kann nicht glauben, daß Gott wirklich ist und die Schöpfung unwirklich.

SRĪ RĀMAKRISHNA: Das ist eine gute Einstellung: «Du bist der Herr, ich bin der Diener.» Solange man den Körper als wirklich empfindet, solange «ich» und «du» da sind, solange ist die Herr-Diener-Beziehung gut. «Ich bin Er», diese Haltung ist nicht gut.

[70] Der Doktor gebraucht das engl. Wort «delusion»; auch sein letzter Satz («Ich kann nicht glauben ...») ist in Englisch.

Und weißt du was? Das Zimmer bleibt dasselbe, gleichgültig ob ich es von der Seite oder von der Mitte aus betrachte.

BHĀDURĪ (zum Doktor): Alles, was ich gesagt habe, steht im Vedānta. Lies die Sāstras und andere Schriften, dann verstehst du alles.

DOKTOR: Warum? Ist Srī Rāmakrishna ein Gelehrter geworden, weil er die Sāstras gelesen hat? Und er spricht doch auch so [wie ich]. Geht's nicht, ohne die Sāstras zu lesen?

SRĪ RĀMAKRISHNA: *O-go*, so viele [Sāstras] hab ich angehört!

DOKTOR: Wer nur zuhört, kann so viele Fehler machen. Du hast nicht nur zugehört.

....

DOKTOR (auf M. blickend): Warum erlaubst du den Leuten, den Staub deiner Füße zu nehmen?[71]

M.: Sonst weinen die Leute.

DOKTOR: Das ist ihr Fehler. Du solltest sie aufklären.

M.: Wieso? «In allen Lebewesen ist Nārāyana.»

DOKTOR: Dagegen habe ich nichts einzuwenden. Sollen sie also die Füße aller Menschen berühren!

M.: In diesem oder jenem Menschen zeigt sich Gott mehr. Wasser ist überall, aber im Teich, im Fluß, im Meer zeigt es sich. Ihr schätzt Faraday hoch ein, doch werdet ihr einen gerade graduierten Studenten der Naturwissenschaft ebenso hoch schätzen?

DOKTOR: Einverstanden. Aber warum sprichst du von «Gott»[72] [im Menschen]?

M.: Warum grüßen wir einander? Im Herzen eines jeden Menschen lebt Nārāyana. Ihr habt über diese Sache nicht viel erfahren und nachgedacht.

[71] *praṇām*; vgl. Fußnote 16; «den Staub der Füße nehmen» als Geste der Demut.

[72] In Englisch («God»).

Srī Rāmakrishna (zum Doktor): In diesem oder jenem Ding zeigt sich Gott mehr. Das habe ich Euch doch gesagt. Sonnenstrahlen, die auf die Erde fallen, sehen dort *so* aus, die auf einen Baum fallen, sehen dort anders aus, und die auf einen Spiegel fallen, wieder anders. In einem Spiegel zeigen sich die Sonnenstrahlen ein wenig mehr. Sieh mal, sind Prahlāda und Menschen wie er und die [Bhaktas] hier gleich? Prahlāda war mit Leib und Seele ganz Gott hingegeben.

Der Doktor blieb stumm. Alle waren stumm.

Gott ist alles geworden

Menschen, deren spirituelle Neigungen in eine philosophisch-spekulative Richtung gehen, die keine Veranlagung zu spontan ausgedrückter emotionaler Gottesliebe (Bhakti) besitzen, versuchen Gott durch progressive Eliminierung all dessen, was nicht Gott ist, zu ergründen: Gott ist «nicht so und nicht so», «nicht dieses und nicht jenes» (neti neti). *Letzlich bleibt eine negative Bestimmung von Gott (Brahman, Ātman) übrig, weil er durch keinen affirmativen Satz, also durch keine sinnenhafte oder vorgestellte Wirklichkeit erfaßt werden kann. Die negative Theologie des* neti neti *finden wir bereits in der* Bṛhadāraṇyaka-*Upanishad.*
Nachdem diese Stufe absoluter Transzendenz erreicht ist, geht die weitere Entwicklung in die Gegenrichtung: Progressiv umfassen die Gottesvorstellungen und -erfahrungen immer mehr Welt-Immanenz – bis die gesamte Schöpfung als Manifestation Gottes aufgefaßt wird.

Srī Rāmakrishna: Weißt du was? Er[73] entwickelt sich jetzt, indem er *neti neti* sagt: Gott ist kein Lebewesen, ist nicht die Welt, er ist außerhalb der Schöpfung. All

[73] Dr. Sarkār.

solche Unterscheidungen trifft er. Dann entwickelt er sich in die Gegenrichtung weiter, er wird alles [als Manifestation Gottes] annehmen.
Wer die Schalen der Bananenstaude eine nach der anderen abzieht, kommt ans Mark.
Die Schalen sind eines, das Mark ein anderes. Das Mark hat nichts von den Schalen, und die Schalen haben nichts vom Mark. Doch zum Schluß sieht man, die Schalen bilden eine Einheit mit dem Mark, das Mark bildet eine Einheit mit den Schalen. Gott ist die vierundzwanzig Lebensprinzipien *(tattva)* geworden, er selbst ist Mensch geworden.

Im Gespräch mit Girish

Girish saß Srī Rāmakrishna gegenüber und aß. Girish sollte Trinkwasser bekommen. Ein Krug Wasser stand in der südöstlichen Ecke von Srī Rāmakrishnas Bett. Es war Sommer, im Monat *baisākhḍ*. Srī Rāmakrishna sagte: «Das Wasser hier ist recht gut.»
Srī Rāmakrishna war sehr krank. Er hatte nicht einmal die Kraft zu stehen. Was sahen die Bhaktas voll Staunen? Sie sahen, Srī Rāmakrishna trug kein Tuch um seine Hüften. Nackt! Wie ein kleiner Junge ging er vom Bett Schritt für Schritt vorwärts. Er wollte selbst Wasser einschenken. Die Bhaktas hielten den Atem an. Srī Rāmakrishna schenkte Wasser ein. Vom Glas nahm er ein wenig Wasser auf die Hand, um zu sehen, ob es auch kühl war. Er merkte, es war nicht allzu kühl. Als er schließlich einsah, daß kein besseres Wasser da war, gab er widerstrebend dieses Wasser.
Girish trank. Die Bhaktas saßen rundum. Mani fächelte Srī Rāmakrishna Luft zu.

Girish (zu Srī Rāmakrishna): Deben Bābu will der Welt entsagen.

Srī Rāmakrishna konnte nicht dauernd sprechen, es machte ihm große Mühe. Er berührte seine Lippen mit den Fingern; mit diesem Zeichen fragte er: «Wie soll sich seine Familie ernähren? Wie soll sie weiterleben?»

GIRISH: Das weiß ich auch nicht.

Alle waren stumm. Während Girish aß, fing er wieder an zu reden.

GIRISH: Also, was ist richtig? Gott zu verehren, nachdem man der Familie mit Bedauern entsagt hat, oder ihn als Familienvater zu verehren?

SRĪ RĀMAKRISHNA (zu M.): Hast du nicht die Gītā gelesen? Wer, begierdelos geworden, seine Pflichten *(karma)* im Rahmen des Familienlebens erfüllt und sich bewußt bleibt, daß alles unwahr[74] ist, wer, nachdem er Jñāna erreicht hat, ein Familienleben führt, der wird Gott erreichen.

Die der Familie mit Bedauern entsagen, gehören einer niedrigen Klasse von Menschen an.

Weißt du, wie ein Familien-Jñānī lebt? Wie jemand, der in einem Glashaus ist. Er kann beides, das Innere und das Äußere sehen.[75]

Wieder sind alle stumm.

SRĪ RĀMAKRISHNA (zu M.): Die *kacuris*[76] sind heiß und sehr gut.

M. (zu Girish): *Kacuris* aus Phāgus Geschäft. Berühmt!

SRĪ RĀMAKRISHNA: Berühmt!

GIRISH (essend, lächelnd): Wirklich gute *kacuris*.

[74] *mithyā*, d.h. im Vergleich zu Gott unwirklich, relativ und vergänglich.

[75] D.h. das Leben des Geistes und das Leben in der «Welt».

[76] Kleine, gewürzte Kuchen.

SRĪ RĀMAKRISHNA: Laß die *lucis*, iß die *kacuris*. (Zu M.:) *Kacuris* haben allerdings *rajo-guṇa* in sich.

Während Girish aß, begann er wieder zu sprechen.

GIRISH (zu Srī Rāmakrishna): Also, mein Bewußtsein *(mana)* ist so hoch; warum steigt es wieder runter?

SRĪ RĀMAKRISHNA: Wer in der Familie wohnen bleibt, macht sowas durch. Manchmal hoch, manchmal niedrig. Manchmal empfindet man eine Menge Bhakti, dann wieder weniger. Man muß ja inmitten von Sinnenfreude und Besitzgier leben, darum ist das so. Ein Bhakta im Familienleben denkt manchmal über Gott nach, singt die Namen Gottes, manchmal richten sich die Gedanken auch auf Sinnenfreude und Besitzgier. Wie eine gewöhnliche Fliege – manchmal hockt sie auf einer Süßigkeit, manchmal hockt sie auch auf einer eitrigen Wunde oder auf Kot.

Die [dem Familienleben] entsagen, sind anders. Sie ziehen ihre Gedanken von Sinnenfreude und Besitzgier weg und können sie einzig Gott geben. Sie haben nichts anderes im Sinn, als den Nektar Gottes zu genießen. Die ganz und gar entsagt haben, denen gefällt außer Gott nichts mehr. Wird über materielle Dinge geredet, stehen sie auf; wird über göttliche Dinge gesprochen, hören sie zu. Die ganz und gar entsagt haben, führen nichts im Munde, außer Worte über Gott.

Bienen hocken nur auf Blüten, um Honig zu trinken. Sonst mögen Bienen nichts.

Girish ging, um sich auf dem kleinen, südwärts gelegenen Dach die Hände zu waschen.

Jede Frau als Mutter ansehen

SRĪ RĀMAKRISHNA: Wenn eine Frau meinen Körper berührt, werde ich krank. An der Stelle, wo sie mich berührt, habe ich prickelnde Schmerzen. Als ob mich der Dorn des *śiṅgi*-Fisches gestochen hätte.

DOKTOR: Das glaube ich. Doch ohne [Frau] geht's auch nicht.

SRĪ RĀMAKRISHNA: Halte ich Geld in der Hand, verzerrt sie sich. Der Atem bleibt stehen. Die sich mit Hilfe von Geld geistiges Wissen *(bidyā)* erwerben, Gott dienen und den Sādhus und Bhaktas dienen, die machen keinen Fehler.

Durch Frauen schafft man sich ein Leben voll Māyā! Dadurch vergißt man Gott. Die Weltenmutter[77] selbst ist jedoch diese Māyā-Gestalt, sie hat die Gestalt einer Frau angenommen. Wer das recht begriffen hat, hat kein Bedürfnis nach einem Leben voll Māyā. Wer alle Frauen wirklich als Mutter ansieht, kann im Familienleben voll am geistigen Wissen teilhaben. Wer die Schau Gottes nicht erlangt hat, kann nicht wissen, was für ein Wesen die Frauen haben.

. . . .

Wenn ich den Körper einer Frau berühre, wird meine Hand taub, es prickelt in ihr. Wenn ich mich ihnen wie ein Verwandter nähere, um mich zu unterhalten, bleibt zwischen uns etwas wie eine Schutzwand. Ich habe nicht die Macht, diese Schutzwand zu überqueren.

Wenn ich allein im Zimmer bin und dann zufällig eine Frau hereinkommt, werde ich ganz und gar wie ein kleiner Junge. Und es drängt mich, diese Frau als Mutter anzusehen.

[77] Göttin Kālī.

Warum muß Rāmakrishna leiden?

Das schwere Kehlkopfleiden Rāmakrishnas, an dem er schließlich starb, stellte seine engsten Schüler vor spirituelle Probleme. Schon zu dieser Zeit verehrte der Schülerkreis den Guru als einen Avatāra, eine Herabkunft Gottes in Menschengestalt. Rāmakrishna hatte zwar häufig die Bezeichnung «Guru» für sich abgewiesen, mit der Bemerkung, Gott alllein sei der Guru der Menschheit, nannte sich aber zum Ende seines Lebens häufig mehr oder weniger deutlich einen Avatāra. Kann ein Avatāra leiden – Gott in der Hülle eines Menschenkörpers? Rāmakrishna selbst hatte Christus, auch Mohammed, Buddha und Mose, in eine Reihe mit den traditionellen Avatāras des Vishnuismus, wie Krishna und Rāma, gestellt. Auf der Suche nach Leitbildern konnten die Schüler Rāmakrishnas nur in Christus die Wirklichkeit großen Leids und des heroischen Ertragens entdecken. Rāmakrishna macht den Verweis auf Christus durch seine letzte Aussage noch deutlicher. Er bestätigt, daß er leiden muß, *weil sich die Sünden all jener Menschen auf ihn gehäuft haben, deren spirituelles Bewußtsein er erweckt hat. Eben dieses stellvertretende Leiden ist Mittelpunkt christlicher Kreuzesspiritualität; es erinnert aber auch an das buddhistische Bodhisattva-Ideal.*
Nach Christopher Isherwood, einem Biographen Rāmakrishnas, waren die Schüler und Verehrer Rāmakrishnas, was dessen schwere Krankheit betrifft, in drei Gruppen gespalten. Die erste Gruppe glaubte, daß Rāmakrishna als Avatāra keinem echten Leiden unterworfen sein kann. Aus Gründen, die nur er selbst kenne, habe er die Krankheit als eine Art «Spiel» auf sich genommen; sobald seine Absichten erfüllt seien, werde er wieder gesund. Die zweite Gruppe schlug vor, daß Mutter Kālī, der sich Rāmakrishna radikal unterworfen hatte, ihr «Kind» krank gemacht habe, gewiß um der Welt eine (noch unerkannte) Lehre zu erteilen. Sobald diese Lehre erkannt wird, werde der Meister gesund. Auch die dritte Gruppe, zu der Narendra und die meisten seiner jungen Mitschüler gehörten (die später Mönche werden sollten), glaubte an Rāmakrishna als Avatāra, doch unterschieden sie zwischen seiner göttlichen Natur und seinem

irdischen Körper, der sterblich und Krankheiten unterworfen sei wie andere Körper. Darum müsse man die Kunst der Ärzte bemühen, um den Meister zu heilen, anstatt passiv abzuwarten, bis sich «Gottes Wille» offenbart.

Diese Aufzeichnungen tragen das Datum des 22. April 1886. Die Gespräche, die einen Tag später stattfinden, sind die letzten, die Mahendranāth Gupta nach seinen Notizen ausführt und veröffentlicht.

HIRĀNANDA (zu Srī Rāmakrishna): Sagt mir, warum muß ein Bhakta leiden?

SRĪ RĀMAKRISHNA: Das sind nur die Schmerzen des Körpers.

Srī Rāmakrishna wollte weitersprechen. Beide[78] warteten.

SRĪ RĀMAKRISHNA sagte: Habt ihr verstanden?

M. flüsterte Hirānanda zu: Um Menschen zu belehren. Ein Vorbild zu geben. Trotz sehr großer körperlicher Schmerzen ist sein Geist *(manaḥ)* vollkommen mit Gott verbunden.

HIRĀNANDA: Ja, wie die Kreuzigung von Christus. Dennoch bleibt dieses Geheimnis[79]: Warum diese Leiden gerade für *ihn*?

M.: Wie Srī Rāmakrishna sagt: «Es ist Mutters Wille.» In diesem Fall spielt sie durch diesen Körper ihre Spiele.

Sie flüsterten miteinander. Srī Rāmakrishna fragte Hirānanda, ein Zeichen gebend, etwas. Als Hirānanda das Zeichen nicht verstand, fragte Srī Rāmakrishna noch einmal durch ein Zeichen: «Was sagt er?»

78 Hirānanda und M.

79 «Kreuzigung» und «Geheimnis» in Englisch («Crucifixion», «Mystery»).

Hirānanda: Er spricht vom Belehren der Menschen.[80]

Srī Rāmakrishna: Aber das ist nur seine Vermutung. (Zu M. und Hirānanda:) Meine Stimmungen wechseln. Ich bin der Meinung, daß ich nicht zu jedem sagen sollte: «Möge dein spirituelles Bewußtsein erwachen.» Im Kali-Yuga gibt es so viele Sünden; alle diese Sünden häufen sich auf mich.[81]

খুব ভালবাসা হলে তবেই ত
চারিদিকে ঈশ্বরময় দেখা যায়।

Wer tiefe Liebe empfindet,
der sieht überall alles Gott-erfüllt.

কর্ম ভাল।
জমি পাট্ করা হলে যা রুইবে,
তাই জন্মাবে।
তবে কর্ম নিষ্কামভাবে করতে হয়।

Arbeit ist gut. Wenn du das Feld
gut vorbereitet hast, wird alles wachsen,
was du pflanzst. Doch muß man die Arbeit
ohne Begierde tun.

[80] Rāmakrishna sei krank, um dadurch die Menschen zu belehren.

[81] ... wenn ich das spirituelle Bewußtsein der Menschen erwecke.

Im Gespräch mit Vidyāsāgar

Mit diesem Text beginnt der dritte Band des Quellenwerks Śrīśrī Rāmakṛṣṇa Kathāmṛta; *er setzt mit Aufzeichnungen aus dem Jahr 1882 ein.*
Pandit Īswar Chandra Vidyāsāgar war ein berühmter bengalischer Gelehrter, Erzieher und Philanthrop zur Zeit von Rāmakrishna. Er erhielt den Titel «Vidyāsāgar» (Meer des Wissens) als Auszeichnung für seine Verdienste. Obwohl er gesellschaftlich die Bräuche des Hinduismus befolgte, neigte er zum Agnostizismus. Vidyāsāgar und Rāmakrishna waren sehr unterschiedliche Persönlichkeiten, die jedoch tiefen Respekt füreinander empfanden, der auch dieses humorvolle Gespräch prägt. Rāmakrishna besuchte den Gelehrten in seinem Haus und begann das Gespräch mit einem Wortspiel auf den Ehrennamen «Vidyāsāgar».

SRĪ RĀMAKRISHNA: Heute sind wir dem Meer begegnet. Bisher habe ich nur Kanäle, Sumpfseen, bestenfalls Flüsse gesehen. Diesmal betrachte ich das Meer. (Alle lachen.)

VIDYĀSĀGAR (lächelnd): Nehmt also ein wenig Salzwasser mit zurück. (Gelächter.)

SRĪ RĀMAKRISHNA: Nein doch! Wieso Salzwasser? Du bist doch nicht das Meer des Unwissens *(abidyā-sāgar)*, du bist das Meer des Wissens *(bidyā-sāgar)*. (Alle lachen.) Du bist das Meer kondensierter Milch.[82] (Alle lachen.)

VIDYĀSĀGAR: Da habt ihr vielleicht recht.

Vidyāsāgar schwieg.

[82] Anspielung auf eine mythologische Geschichte. Das Meer kondensierter Milch ist süß und kostbar.

Srī Rāmakrishna sagte: Deine Arbeit ist sāttvisch; der *rajas*-Teil von *sattva*. Von *sattva-guṇa* kommt Barmherzigkeit *(dayā)*. Die Arbeit, die aus Barmherzigkeit getan wird, ist zwar rājasisch – doch ist es der *rajas*-Teil von *sattva*. Daraus entsteht kein Schaden. Sukadeva und andere übten Barmherzigkeit, um die Menschen zu belehren, um sie über Gott zu belehren. Du schenkst Wissen, schenkst Nahrung, auch das ist gut. Wer es ohne Begierde *(niṣkāma)* tun kann, erreicht dadurch Gott. Einige tun's, um einen guten Ruf zu bekommen oder des religiösen Verdienstes wegen; deren Arbeit ist nicht ohne Begierde. Aber du bist ja schon ein Weiser *(siddha)*.

Vidyāsāgar: Wieso denn das?

Srī Rāmakrishna (lächelnd): Wenn Kartoffeln und *paṭal*-Gemüse gekocht sind, werden sie weich, und du bist doch sehr weich.[83] Du bist so barmherzig! (Lachen.)

Vidyāsāgar (lächelnd): Gekochter *kalāi*-Brei wird allerdings hart! (Alle lachen.)

Srī Rāmakrishna: Das bist du doch nicht; bloße Gelehrte sind wie Früchte, die nicht reif werden. Sie sind nicht dies, nicht das. Geier steigen hoch hinauf, aber ihre Augen spähen nach Kadavern [auf der Erde]. Die bloße Gelehrte sind, hören sich vielleicht wie Gelehrte an, doch sie begehren Sinnenfreude und Besitz – wie Geier suchen sie verfaulte Tote. Sie begehren die Welt des Unwissens. Barmherzigkeit, Bhakti, Entsagung sind der Reichtum des Wissens.

Vidyāsāgar hörte schweigend zu. Alle schauten mit *einem* Blick diesen glückseligen Mann an und tranken den Nektar seiner Worte.

Vidyāsāgar war ein großer Gelehrter. Als Student des

[83] *siddha* heißt «vollkommen», «weise», aber auch «gekocht». Rāmakrishna macht ein Wortspiel aus dieser Doppelbedeutung.

Der Kālī-Tempel von Dakshineswar,
in dem Rāmakrishna den Priesterdienst
ausgeübt hat.
Foto: Partha Neogi

Sanskrit College war er der Klassenbeste. Bei jeder Prüfung war er der erste, und er bekam Goldmedaillen und andere Auszeichnungen oder Stipendien. Nach einiger Zeit ist er der Rektor des Sanskrit College geworden. Er war Meister der Sanskrit-Grammatik und der Sanskrit-Kunstdichtung. Mit großer Ausdauer hatte er sich selbst Englisch gelehrt.

Über Religion gab Vidyāsāgar niemandem Unterricht. Er hatte Bücher über Philosophie und ähnliche Themen gelesen. M. hatte einmal gefragt: «Was haltet Ihr von der Hindu-Philosophie?» Er hatte gesagt: «Ich glaube, Hindus haben nicht richtig verständlich machen können, was sie im Sinn hatten.» Wie Hindus feierte er die *śrāddha*- und andere Zeremonien, befolgte er die Vorschriften von *dharma* und *karma*, und er trug die heilige Schnur der Brahmanen über der Brust. Auf allen Briefen, die er in Bengalisch schrieb, setzte er diesen Gottespreis an den Anfang: «[Ich begebe mich in den] Schutz des erhabenen Hari.» M. hatte einmal von ihm gehört, was er über Gott dachte; Vidyāsāgar hatte gesagt: «Es ist nicht in unserer Macht, ihn zu kennen. Was müssen wir also tun? Nach meiner Meinung ist es unsere Pflicht, so zu werden, daß, wären alle so, sich die Erde zum Himmel verwandelte. Jeder muß sich dafür einsetzen, daß es der Welt wohlergeht.»

Nach der Schau Gottes

Śrī Rāmakrishna (zu Vidyāsāgar): Nach der Schau von Brahman wird der Mensch schweigsam. Solange er die Schau nicht hat, denkt und diskutiert er. Solange *ghi* noch kalt ist, brutzelt es. Heißes Ghi macht kein Geräusch mehr. Doch wenn ein *luci* in heißen Ghi gelegt wird, dann zischt es nochmal auf und brutzelt. Wenn es einen *luci* gebraten hat, wird es wieder still. Ebenso kehrt ein Samādhi-erfahrener Mann, um die Menschen

zu belehren, wieder vom Samādhi zurück und spricht wieder.
Solange sich die Biene nicht auf die Blüte niederläßt, brummt und summt sie. Wenn sie sich auf die Blüte niederläßt und den Honig zu trinken beginnt, wird sie still. Danach wird sie trunken und brummt und summt von Zeit zu Zeit wieder.
Wenn ein Krug im Teich mit Wasser gefüllt wird, macht es *gluck-gluck*. Ist er voll, gibt's keine Geräusche mehr. (Alle lachen.) Wenn aber das Wasser in einen anderen Krug gegossen wird, gibt's wieder Geräusche. (Lachen.)

Der Jñānī und der Vijñānī

Rāmakrishna unterscheidet zwischen dem «allgemeinen» Jñānī und dem vollkommenen Jñānī (bijñānī). *Der Jñānī hat durch progressive Eliminierung, die Methode des* neti neti, *Gott in absoluter, transzendenter, nur negativ beschreibbarer Weise erfahren. Der Jñānī bleibt bei dieser negativen Gottes-Erfahrung stehen; der Vijñānī schreitet weiter und fügt alles, was er vorher eliminiert hat, der Gottesvorstellung und -erfahrung wieder ein: Gott ist (auch) persönlich, Gott ist (auch) die Lebewesen und die Welt ... Auf diese Weise erreicht er die vollkommene Ganzheit von Brahman, das transzendent* und *immanent ist (vgl. S. 144f, 151).*

Srī Rāmakrishna: Im Kali-Yuga braucht der Mensch Nahrung zum Leben. Das Körperbewußtsein verläßt ihn nicht.[84] In einer solchen Situation ist es nicht gut, «Ich bin Er» zu sagen. Alles mögliche tut der Mensch,

[84] Der Mensch in unserer Zeit kann nicht, mit Hilfe von Askese und yogischen Kräften, weitgehend auf Nahrung verzichten, wie die Yogīs früherer Zeiten, die ihren Körper mittels Yoga-Übungen «vergessen» konnten.

dann ist «Ich bin Brahman» zu sagen, nicht recht. Die den materiellen Dingen nicht entsagen können, deren «Ich» durch nichts weggehen will, für die ist es gut zu fühlen «Ich bin ein Diener», «Ich bin ein Bhakta». Auch wer auf dem Pfad der Bhakti bleibt, erreicht ihn. Der Jñānī entsagt dem Bewußtsein der materiellen Dinge durch die Methode von *neti neti*; nur dann kann er Brahman erfahren; wie man die Treppenstufen eine nach der anderen hochsteigt und das [flache] Dach erreicht. Doch der vollkommene Jñānī *(bijñānī)*, der mit Gott auf besondere Weise vertraut ist, der erschaut noch einiges mehr. Der sieht, das Dach ist aus denselben Ziegeln, demselben Kalk und Ziegelmehl gemacht wie auch die Treppe. Was durch die Methode von *neti neti* als Brahman erschienen ist, eben das ist die Lebewesen und die Welt geworden. Der vollkommene Jñānī sieht, Gott, der *nirguṇa* ist, der ist auch *saguṇa*.
Auf einem Hausdach kann ein Mensch nicht lange bleiben, er steigt wieder hinab. Die im Samādhi Brahman geschaut haben, steigen wieder hinab und sehen, daß Es die Lebewesen und die Welt geworden ist. *Sā, re, gā, mā, pā, dhā, nī.* Auf *nī* kann die Stimme nicht lange bleiben.[85] Das «Ich» geht nicht weg. Dann sehen sie, Gott ist [auch] das «Ich», Gott ist tatsächlich die Lebewesen und die Welt, alles. Das nennt man vollkommenes Jñāna *(bijñāna)*.
Der Pfad des Jñānī führt auch zum Ziel, auch der Pfad, der Jñāna und Bhakti verbindet. Ebenso führt der Pfad von Bhakti zum Ziel. Jñāna-Yoga ist wahr, der Bhakti-Pfad ist auch wahr, alle Pfade führen zu Gott. Solange er euch das Ich-Bewußtsein läßt, ist der Bhakti-Pfad gewiß der gerade.
Der vollkommene Jñānī schaut: Brahman ist unbewegt, untätig, wie der Berg Sumeru. Diese Welt be-

[85] Tonleiter; vgl. Fußnote 49.

steht aus seinen drei Gunas *sattva, rajas, tamas*. Brahman ist [von allem] losgelöst.
Der vollkommene Jñānī sieht: Derjenige, der Brahman ist, derselbe ist auch [der persönliche] Gott *(bhagabān)*; der Jenseits-der-Gunas-Lebende ist auch voll und ganz [der persönliche] Gott. Die Lebewesen und die Welt, die Gedanken und die Intelligenz, Bhakti und Entsagung, Jñāna, das alles sind seine Kräfte. (Lächelnd.) Ein Bābu ohne Haus und Hof – vielleicht sind sie verkauft worden – was für ein Bābu ist der noch? (Alle lachen.) Gott ist erfüllt von den sechs wunderbaren Kräften. Wenn er diese Kräfte nicht hätte, wer würde ihm dann gehorchen? (Alle lachen.)

Von der Kraft des Glaubens

Srī Rāmakrishna: Glaube und Bhakti sind nötig. Hör zu, wieviel Kraft der Glaube hat. Jemand will von Lankā das Meer überqueren. Vibhīsana sagte: «Knote dieses Ding in den Zipfel deines Kleids. Dann brich unbesorgt auf; du kannst das Meer auf dem Wasser überqueren. Doch sieh nicht nach, was darin ist, sonst gehst du unter.» Er ging sicher über das Meer. Eine solche Kraft hat der Glaube. Nach einer Weile dachte er: Was für ein Ding hat Vibhīsana mir da hineingeknotet, daß ich [sogar] auf dem Wasser gehen kann? Darauf öffnete er den Knoten seines Kleides und entdeckte nur ein Blatt mit dem Namen «Rāma» darauf. Da dachte er: «Eh, nur das!» Kaum gedacht, sank er. Ein Sprichwort sagt: Hanumān hatte einen solchen Glauben an Rāmas Namen, daß er kraft dieses Glaubens über das Meer sprang. Doch Rāma selbst mußte einen Damm übers Meer bauen!

Von der selbstlosen Hilfe

Karitative Hilfe für notleidende Menschen wurde von Rāmakrishna nur unter Vorbehalten gebilligt. Nach seiner Ansicht gehen «gute Werke» fast immer auf Kosten von Bhakti-Ausübung: Wer «närrisch» vor Gottesliebe ist, ist zur planvollen Hilfe unter Menschen unfähig. Diese Narrheit soll aber der Gottsucher zunächst und vor allem suchen. Im Christentum ist die Liebe zu Gott stärker vom Willen her angelegt, weniger von Gefühlen; christliche Heilige warnen im allgemeinen davor, Gefühle *der Gottesliebe zu suchen. Das Christentum sieht nicht nur die Möglichkeit, sondern die Verpflichtung, Liebe zu Gott und (tätige) Liebe zu den Menschen zu integrieren. Ja, Liebe zu Gott und Liebe zu den Menschen sind* eine *ununterscheidbare, untrennbare Liebe.*

Rāmakrishna fordert, daß zunächst die Ichsucht überwunden werden muß; erst danach ist der Mensch zur Hilfe befähigt. Denn nur wer ohne selbstsüchtige Motive hilft, hilft im eigentlichen Sinn; er empfindet sich dann nicht als «Helfender», «Ausübender», sondern als Werkzeug Gottes. Nur eine solche begierdelose Hilfe ist wirksam für den Empfangenden und gibt beiden, dem Helfer und dem Geholfenen, Gnade und spirituelle Freude.

Srī Rāmakrishna: Doch je mehr Bhakti und Liebe zu Gott du bekommst, desto geringer wird deine Arbeit werden. Wenn eine Hausfrau ein Kind im Bauche hat, gibt die Schwiegermutter ihr weniger Arbeit. Je mehr Monate vergehen, umso weniger Arbeit gibt sie ihr. Im zehnten Mondmonat gibt sie ihr überhaupt keine Arbeit mehr, damit das Kind keinen Schaden leidet und bei der Geburt keine Schwierigkeiten entstehen. (Lachen.) Mit all der Arbeit, die du tust, hilfst du nur dir selbst. Wenn du selbstlos *(niṣkāma)* arbeiten kannst, wird dein Geist *(citta)* rein, du wirst Liebe zu Gott bekommen. Sobald diese Liebe kommt, kannst du Gott erreichen. Nicht die Menschen helfen der Welt, Gott allein tut das: der den Mond und die Sonne geschaffen, der die Liebe von Mutter und Vater, der die Barmherzigkeit in großen Seelen, der Bhakti in den Sādhus und Bhaktas geschaffen hat. Nur wer ohne Begierde Arbeit verrichtet, der sorgt [auch] für sein eigenes [spirituelles] Wohlergehen.

Sādhanā ist am Anfang notwendig

Srī Rāmakrishna: Um zu wissen, was im Innern ist, braucht man ein wenig Sādhanā.

M.: Muß man ein Leben lang Sādhanā üben?

Srī Rāmakrishna: Nein, anfangs muß man sich etwas am Riemen reißen. Danach braucht man sich nicht mehr sehr anzustrengen. Solange der Steuermann [eines Flußschiffs] durch Wellen, Stürme, Taifune und Biegungen fährt, muß er stehend das Ruder umfassen. Wenn er da hindurch ist, dann nicht mehr. Wenn er die Biegungen durchfahren hat und ein günstiger Wind weht, dann setzt sich der Steuermann bequem hin und legt nur die Hand leicht auf das Ruder. Danach setzt er das Segel und hockt sich hin, um seine Pfeife zu stopfen. Wenn die Stürme und Taifune der Sinnenfreude und Besitzgier vorbei sind, dann ist Friede.

An dem einen oder anderen sieht man die Anzeichen eines Yogī. Doch auch ein Yogī soll vorsichtig sein. Sinnenfreude und Besitzgier sind Hindernisse für Yoga. Ihretwegen versagen Yogīs im Yoga und beginnen ein Leben in der Welt. Vielleicht hatten sie ein wenig Verlangen nach weltlichen Freuden *(bhoga)* gehabt. Wenn das vorbei ist, werden sie wieder auf Gott zugehen, sich wieder im Yoga-Zustand befinden.

[86] Mathur Bābu und seine Familie.

Wie Rāmakrishna Entsagung einübte

Srī Rāmakrishna: Früher habe ich oft eine rājasische Haltung angenommen, um Entsagung einzuüben. Ich hatte einmal Lust, ein Gewand mit einem golddurchwirkten Rand zu tragen, einen Ring am Finger zu tragen, eine Wasserpfeife mit langem Mundstück zu rauchen. Ich habe tatsächlich ein Gewand mit einem golddurchwirkten Rand getragen; sie[86] haben es mir gebracht. Ein wenig später habe ich mir gesagt: «Verstand, das ist, was man ein Gewand mit einem golddurchwirkten Rand nennt!» Dann habe ich es ausgezogen und weggeworfen. Es hat mir nicht mehr gefallen. Ich habe gesagt: «Verstand, das ist, was man einen Umhang nennt, das ist, was man einen Ring nennt! Das ist, was man Rauchen aus der Wasserpfeife mit langem Mundstück nennt!» Was ich alles auf diese Weise weggeworfen hatte, ist mir nicht mehr in den Sinn gekommen.

Der Yogī ist wie eine Vogelmutter

Srī Rāmakrishna (zu Mani): Das Denken und Gefühl eines Yogī bleibt immer bei Gott, immer im *ātman* versunken. Die Augen sind leer; man muß nur hinblicken, um einen solchen Menschen zu erkennen. Wie eine Vogelmutter, die Eier ausbrütet; ihr ganzes Denken und Fühlen ist auf die Eier gerichtet. Ihr Blick geht nur scheinbar nach außen.

«Es ist unmöglich, Karma aufzugeben.»

Karma umfaßt nicht nur Handlungen jeglicher Art im täglichen Leben, sondern auch religiöses Tun wie beten, singen, meditieren. Durch Karma muß also der Gottsucher Gott erreichen – nicht durch Vernachlässigung oder Entsagung von Karma. Man kommt nicht an der Karma-Ausübung vorbei, also auch nicht an einer «Berührung» mit der «weltlichen» Sphäre. Worauf es ankommt, ist die innere Einstellung: Aufopferung aller Handlungen an Gott und die Förderung jener Menschen, die Gott lieben und ihrerseits aufopfernd leben. Wer durch ständige Karma-Ausübung mit rechter innerer Einstellung Gott (d.h. den Zustand von Samādhi oder Jñāna oder die «Narrheit» von Bhakti) erreicht hat, von dem «fällt» Karma «ab», der wird unfähig zu jeder Tätigkeit.

Srī Rāmakrishna: *Alle* Menschen verrichten *karma.* Gottes Namen und seine Eigenschaften zu loben ist auch Karma. Die Nicht-Dualisten, die «Ich bin Er» sagen, deren Bemühung ist auch Karma. Luft auszuatmen, das ist auch Karma. Es ist unmöglich, Karma aufzugeben. Verrichte also Karma, doch opfere seine Früchte Gott auf.

Mani: Darf ich mich darum bemühen, wohlhabender zu werden?

Srī Rāmakrishna: Für eine rechtschaffene Familie ist das statthaft. Versuche dein Einkommen zu mehren, doch auf ehrliche Weise. Geldverdienen ist nicht das Ziel. Allein Gott zu dienen ist das Ziel. Wenn man durch Geld Gott dienen kann, dann entsteht durch dieses Geld keine Schuld.

Mani: Wie lange tragen wir für unsere Familien Verantwortung?

Srī Rāmakrishna: Sie dürfen keine Not leiden, was Essen und Kleidung betrifft. Aber wenn die Kinder für sich selbst sorgen können, braucht man keine Verantwortung mehr für sie zu tragen. Nachdem ein Vogelkind gelernt hat, Nahrung selbst aufzupicken, hackt die Mutter nach ihm, wenn es zu ihr kommt, um Futter zu kriegen.

Mani: Wie lange muß man Karma verrichten?

Srī Rāmakrishna: Reift die Frucht, bleibt die Blüte nicht mehr. Wer Gott erreicht hat, braucht kein Karma mehr zu tun. Der möchte auch keins mehr tun.

Wenn ein Trunkenbold zu viel getrunken hat, kann er seinen Verstand nicht mehr zusammenhalten. Hat er nur ein bißchen getrunken, kann er seine Arbeit tun. Je näher du Gott kommst, desto mehr wird er deine Arbeit verringern. Keine Angst.

Die Bhāvas als Wege zu Gott

Es entspricht der Emotionalität von Bhakti, daß sie Phantasie und Vorstellungskraft, sogar das Theatralische und Künstlerische voll ausschöpft, um die ersehnte Vereinigungsekstase zu erreichen. Der Vishnuismus hat fünf klassische «Rollen», «Haltungen» entwickelt, in denen ein Bhakta den persönlichen Gott wirkungsvoll verehren und lieben kann. Diese Rollen oder Haltungen (bhābⱥ, *Sanskrit* bhāva) *entsprechen menschlichen Archetypen und Grundverhaltensweisen. Wer jene in ihrer Tiefe und ihrem natürlichen Reichtum auszufüllen vermag, schafft die Voraussetzung, möglichst rasch Bhakti und die Ekstase der Vereinigung mit Gott zu erreichen.*

Die Rollen der Bhaktas setzen jeweils eine bestimmte Vorstellung oder ein bestimmtes «Bild» von Gott voraus. In Sānta-Bhāva, der Haltung des Friedens, versucht der Bhakta, sich Gott durch Meditation und Versenkung zu nähern; entsprechend stellt er sich Gott friedvoll, kontemplativ, weltentrückt vor. Viele Vishnuiten erkennen diesen Bhāva nicht an, weil sich in ihm keine leidenschaftliche Liebe zu Gott ausdrückt.

In Dāsya-Bhāva nimmt der Bhakta die Rolle des Dieners an, entsprechend ist Gott der Herr und Meister. Das übliche Vorbild für einen Diener Gottes ist Hanumān, der Held in Affengestalt, der sich in dem Volksepos «Rāmāyana» als treuer Diener von Gott Rāma erwies. Rāmakrishna hat diese Diener-Rolle seinen Schülern immer wieder empfohlen; sie sei besonders gut dafür geeignet, vollkommene Bhakti zu erreichen.

Im Sakhya-Bhāva wird der Bhakta ein Freund Gottes; er wird ihm also ebenbürtig und verhält sich ihm gegenüber in freundschaftlicher Familiarität, wie etwa Arjuna gegenüber Gott Krishna in der Bhagavad-Gītā.

In Vātsalya-Bhāva wird der Bhakta zur Mutter, entsprechend Gott zu einem Kind. So wie eine Mutter ihr Kind liebt und umsorgt, ebenso liebt und umsorgt in dieser Rolle der Bhakta in seinen Vorstellungen und rituellen Gottesdiensten Gott. Gott wird also «kleiner», schwächer, noch hilfsbedürftiger als der Bhakta. Gerade diese Hilfsbedürftigkeit, in die sich Gott aus Liebe und Gnade zum Bhakta begibt, soll Bhakti erregen.
Die Umkehrung dieses Bhāva ist in dieser Aufstellung nicht genannt: Der Bhakta empfindet sich als Kind, während Gott die Mutter verkörpert (mātṛ-bhāba). *Diese Haltung ist von Rāmakrishna während seines ganzen Lebens geübt und ausgefüllt worden; er empfand sich als Kind von Mutter Kālī und verhielt sich kindlich nicht nur in der Ekstase und während der Gottesdienste, sondern auch im Alltag. Rāmakrishna empfiehlt diese Rolle bei vielen Gesprächen.*
In Madhura-Bhāva wird der Bhakta eine Ehefrau und Gott ihr Ehemann, oder Bhakta und Gott werden Liebhaberin und Liebhaber. Die berühmte mythologische Vorlage ist das göttliche Liebespaar Rādhā und Krishna. Der Bhakta «wird» Rādhā und lebt in der Phantasie die mythologischen Szenen der Liebe Rādhās zu Krishna nach, aktualisiert sie auch durch theatralische Nachahmung, etwa in Liedern, im Ritus, beim Betrachten von Bildern, bei Tanzprozessionen und ekstatischen Gruppengesängen oder beim Zuschauen und Mitspielen in mythologischen Dramen.
In den beiden letzten Bhāvas nimmt der Bhakta Rollen ein, die femininen Charakter haben: Mutter, Ehefrau oder Liebhaberin. Diese Rolle kann sowohl von einem weiblichen als auch von einem männlichen Bhakta eingenommen werden. Feminine Eigenschaften gelten als so wesentlich für die Verehrung von Gott, daß auch männliche Bhaktas sie im spirituellen Leben kultivieren sollen, falls sie sich für eine von den beiden Haltungen entscheiden.
Im christlichen Bereich sind diese Rollen und Haltungen zwar auch vorhanden, jedoch nur ansatzweise, ohne daß sie zu spirituellen Übungen und asketischen «Wegen» verfestigt oder theologisch formuliert wurden. Man denke an die Verehrung des Jesuskindes in der Krippe, an die Pflege der Freundschaft Gottes im Mittel-

alter, an die Brautmystik und Muttergottes-Verehrung. Das Diener-Herr-Verhältnis zwischen Gottesanbeter und Gott wird dem Christen das natürlichste sein.

SRĪ RĀMAKRISHNA: Aber um Gott zu erreichen, muß man sich eine dieser Haltungen *(bhāba)* zu eigen machen: *śānta-*, *dāsya-*, *sakhya-*, *bātsalya-* oder *madhura-bhāba*.

Sānta-Bhāva – hatten die Rishis. Sie hatten kein Verlangen, sich an etwas anderem zu erfreuen [als an Gott]. Das ist wie die Verehrung der Ehefrau zu ihrem Ehemann. Sie weiß, mein Ehemann ist die Verkörperung des Gottes der Liebe (Kandarpa).

Dāsya-Bhāva – hatte Hanumān. Wenn er für Rāma tätig war, wurde er wie ein Löwe. Auch die Ehefrauen pflegen den Dāsya-Bhāva. Sie dienen ihren Ehemännern aus ganzem Herzen. Auch Mütter haben ein wenig davon; zum Beispiel Yasodā.

Sakhya-Bhāva – der Bhāva eines Freundes: «Komm, komm, setze dich zu mir hin.» Srīdāma und die anderen gaben Krishna manchmal angebissene[87] Früchte zu essen, manchmal sprangen sie auf seine Schultern.

Vātsalya-Bhāva – wie [der Bhāva] von Yasodā. Auch Ehefrauen haben ein wenig davon. Sie geben dem Ehemann mit liebender Sorgfalt zu essen. Eine Mutter ist erst zufrieden, wenn das Kind den Bauch voll gegessen hat. Yasodā lief mit Sahne in der Hand umher, um Krishna zu füttern.

Madhura-Bhāva – ist wie der Bhāva von Rādhā. Auch Ehefrauen haben den Madhura-Bhāva. In diesem Bhāva sind alle anderen enthalten: Sānta, Dāsya, Sakhya, Vātsalya.

[87] *ēṭho*, wörtl. verunreinigt. Durch Berührung mit dem Mund werden Speisen «unrein» und dürfen eigentlich von niemand anderem gegessen werden. Nur unter engen Freunden mag diese rituelle Reinheitsvorschrift übergangen werden. Srīdāma war ein Freund Krishnas während ihrer Jugendzeit als Kuhhirten.

Der Körper der Liebe

MANI: Kann man mit diesen Augen Gott schauen?

SRĪ RĀMAKRISHNA: Mit den körperlichen Augen können wir ihn nicht sehen. Wer mehr und mehr Sādhanā übt, erwirbt einen Körper der Liebe, ausgestattet mit Augen der Liebe und Ohren der Liebe. Mit diesen Augen kann man Gott sehen, mit diesen Ohren sein Wort hören. Man bekommt sogar ein Geschlechtsglied und eine Scheide der Liebe.

Als er das hörte, lachte Mani laut auf. Srī Rāmakrishna wiederholte unbeirrt: «Mit diesem Körper der Liebe hat der Mensch mit dem Ātman Liebesverkehr.»
Mani wurde wieder ernst.

SRĪ RĀMAKRISHNA: Wer nicht tiefe Liebe zu Gott empfindet, dem ist das unmöglich. Wer tiefe Liebe empfindet, erst der sieht überall alles Gott-erfüllt. Wer starke Gelbsucht hat, nur der sieht überall alles gelb.
Dann glaubt man tatsächlich, «Gott ist ich».

Rāmakrishna erzählt von seinen Wallfahrten

SRĪ RĀMAKRISHNA: Es gibt zwei Arten von Yogīs: *bahudakạ* und *kuṭīcakạ*[88]. Der Sādhu, der zu vielen Wallfahrtsorten wandert, der noch keinen inneren Frieden hat, der heißt Bahudaka. Der Yogī, der nach allen Wanderungen seinen Geist gefestigt, der Frieden bekommen hat, läßt sich an einem Ort[89] nieder und rührt

[88] «Der, dessen Wasser viel ist» *(bahu-udakạ)* und «der gern in einer Hütte *(kuṭī)* wohnt». Die erste Art sind ursprünglich Asketen, die an Wallfahrtsorten, an denen auch rituelle Bäder genommen werden, betteln.

[89] *āsanạ*, wörtlich die Sitzmatte zur Meditation.

sich nicht mehr vom Fleck. An diesem einen Ort zu sitzen ist seine ganze Freude. Er braucht keine Wallfahrtsorte zu besuchen. Wenn er einen Wallfahrtsort besucht, dann nur, um [neue] Inspiration zu schöpfen. Ich habe alle Religionen *(dharma)* einmal ausüben müssen: Hinduismus, Islam, Christentum; dann auch den Saktismus, Vishnuismus, Vedānta – auf deren Wegen habe ich auch gehen müssen. Ich habe gesehen, es gibt den *einen* Gott; zu ihm kommen wir alle, auf verschiedenen Wegen.
Ich habe Wallfahrtsorte besucht, und mehrmals war ich in großer Not. In Kāsī ging ich mit Mathur Bābu und seinen Begleitern zum Empfangsraum der königlichen Familie. Dort sah ich, sie sprachen nur über weltliche Dinge. Geld, Felder, über sowas alles. Als ich das hörte, begann ich zu weinen. Ich sagte: «Mā, wo hast du mich hingebracht! In Dakshineswar ging's mir doch gut. In Prayāg habe ich denselben Teich, dasselbe Gras, dieselben Bäume, dieselben Tamarindenblätter gesehen [wie zu Hause]. Der einzige Unterschied ist, die Leute im Westen haben weichen Stuhlgang.» (Srī Rāmakrishna und Mani lachen.)
Trotzdem, man spürt gewiß Inspiration an einem Wallfahrtsort. Ich bin mit Mathur Bābu nach Brindāban gegangen. Mathur Bābu hatte die Frauen seines Haushalts mitgenommen, Hriday war auch dabei. Sobald ich den Kālīyadamaṅ-Ghāt erblickte, spürte ich die Inspiration. Ich war überwältigt! Hriday hat mich an diesem Ghāt der Yamunā oft wie ein Kind gebadet.
Ich wanderte in der Abenddämmerung gern am Ufer der Yamunā entlang. In dieser Zeit kehrten alle Kühe über eine Sandbank in der Yamunā von den Wiesen zurück. Immer wenn ich das sah, fühlte ich mich von Krishna inspiriert[90]; wie ein Narr begann ich zu ren-

[90] Krishna war in seiner Jugend ein Kuhhirte.

nen, immerzu «Wo ist Krishna? Wo ist Krishna?» rufend.

Auf einem Tragsessel war ich unterwegs nach Syāmakunda und Rādhākunda; ich stieg ab, um den Hügel Govardhan[91] zu sehen. Sobald ich ihn sah, war ich ganz überwältigt. Ich rannte, bis ich oben stand. Und ich verlor mein Bewußtsein für die Umwelt. Dann kamen die Leute von Braj und brachten mich herab. Als ich auf dem Weg nach Syāmakunda und Rādhākunda die Felder, die Bäume und Pflanzen, die Rehe, als ich das alles sah, wurde ich überwältigt. Meine Kleider wurden naß von Tränen. Ich dachte: O Krishna, *alles* ist da, nur dich kann ich nicht sehen. Ich saß auf dem Tragsessel, doch hatte ich keine Kraft, nur ein Wort zu sagen. Ich blieb stumm. Hriday ging hinter dem Tragsessel her. Er hatte den Trägern gesagt: «Seid sehr vorsichtig.»

Rāmakrishnas Unbehagen in Gegenwart unehrlicher Menschen

SRĪ RĀMAKRISHNA: Jemand kommt zu mir, ich kann die Dinge, die er mitbringt, nicht essen. Er arbeitet in einem Büro, er bekommt zwanzig Rupien Gehalt. Und nochmal zwanzig Rupien bekommt er durch falsche Abrechnungen[92]. Weil er lügt, sage ich, wenn er kommt, nichts Wichtiges. Er geht manchmal zwei, drei Tage nicht ins Büro und bleibt hier sitzen. Weißt du mit welcher Absicht? Wenn ich ihn vielleicht jemandem empfehle, dann kriegt er anderswo einen Job.

[91] Orte in der Umgebung von Mathurā, dem Wohnort des jugendlichen Krishna.

[92] In Englisch («bill»).

Die vier Merkmale für die Schau Gottes

SRĪ RĀMAKRISHNA: Aber ob einer die Schau Gottes hatte oder nicht, dafür gibt es Merkmale. Manchmal ist er wie ein Narr: Er lacht, weint, tanzt, singt. Manchmal ist er wie ein kleiner Junge: Er hat das Benehmen eines Fünfjährigen: einfältig, großherzig, ohne Ichsucht, ohne Gier für irgendwelche Dinge, von keinem Guna beherrscht, immer voll Freude. Manchmal ist er wie ein Unhold: Er nimmt nicht mehr den Unterschied von heilig und unheilig[93] wahr; was die heiligen Schriften vorschreiben und verbieten, wird eins. Manchmal ist er auch wie leblos, er blickt stumpf drein; darum kann er überhaupt keine Arbeit tun, er kann sich für nichts einsetzen.

Was ist Brahman?

Die köstliche Geschichte zum Schluß erhält ihren Sinn durch den indischen Brauch, daß eine Ehefrau nicht unmittelbar und nie mit Gebrauch seines Namens über ihren Ehemann spricht. Als die Freundinnen sehen, wie das Mädchen mit Gefühl der Scham und der Freude schweigt, wissen sie, wer ihr Ehemann ist. In ähnlicher Weise erlangt man durch negative Aussonderung (neti neti) *die Schau des unbenennbaren Brahman.*

SRĪ RĀMAKRISHNA: Aber «Ich bin ein Diener, ein Dienender» – es ist gut, wenn dieses bißchen [Ichbewußtsein] bleibt. Wo die Vorstellung besteht, daß man selbst alle Arbeit tut, ist es sehr gut, die Haltung zu entwikkeln: «Ich bin ein Diener, du bist der Herr.» Ohnehin geht alle Arbeit weiter; dann ist es gut, sie als ein Diener für den Herrn zu tun.

[93] *śuci-aśuci*, ursprünglich (rituell) rein-unrein.

Manimohan dachte immerzu über den Höchsten Brahman nach. Srī Rāmakrishna bemerkte ihn und begann wieder zu sprechen.

Srī Rāmakrishna: Brahman ist wie der leere Raum *(ākāśa)*. In Brahman gibt es keine Veränderung. So wie Feuer überhaupt keine Farbe hat. Doch durch *śakti* ist Brahman vielfältig geworden. *Sattva, rajas, tamas*, diese drei Gunas sind die Gunas von Sakti. Wenn du Weißes ins Feuer wirfst, zeigt das Feuer sich weiß; wenn du Rotes hineinwirfst, zeigt es sich rot; wenn du Schwarzes hineinwirfst, zeigt es sich schwarz.[94] Brahman ist jenseits der drei Gunas *sattva, rajas* und *tamas*. Was es ist, ist unaussprechlich. Es ist jenseits von Worten. Was nach [dem Prozeß von] *neti neti* übrig bleibt und wo Glückseligkeit *(ānanda)* herrscht, das ist Brahman.

Der Ehemann eines Mädchens war gekommen. Er saß mit einigen anderen gleichaltrigen Burschen im Außenraum des Hauses. Von innen blickten das Mädchen und ihre gleichaltrigen Freundinnen durchs Fenster.[95] Die Freundinnen kannten den Mann des Mädchens nicht und fragten es: «Ist das dein Mann?» Dann sagte sie, ein wenig lächelnd «Nein.» Sie zeigten auf einen anderen und fragten: «Ist das dein Mann?» Sie sagte wieder: «Nein.» Sie zeigten auf noch einen und fragten: «Ist das dein Mann?» Sie sagte wieder: «Nein.» Zum Schluß bemerkten sie ihren Ehemann und fragten: «Ist das dein Mann?» Dann sagte sie weder «Ja» noch «Nein». Sie kicherte nur ein wenig und blieb stumm. Da wußten ihre gleichaltrigen Freundinnen, daß das ihr Ehemann ist. Wo wirkliches Brahma-Jñāna herrscht, dort ist Schweigen.

[94] Eine Flamme ist in ihrem Kern farblos, doch verfärbt sie sich je nach der Farbe der Substanz, die verbrennt.

[95] Zwischen den Innenräumen und den äußeren Räumen eines Hauses gibt es Fenster.

Großer Bruder Kürbis-Schneider

Die hinduistische Tradition sieht eine deutliche Trennung zwischen Familienleben und monastischem Leben vor. Ein unentschiedenes Schwanken zwischen den beiden Lebensweisen oder gar ein Wechsel vom monastischen zum Familienleben wird mit Mißbilligung betrachtet. In diesem Beispiel besitzt Hari Bābu keine eigene Familie mehr, er sorgt sich aber um seine Brüder, Schwestern und andere Verwandten; das heißt, er bleibt im Familienverband und trägt die «weltlichen» Sorgen und Bedürfnisse der Familie mit. Nach indischer Tradition wird von ihm erwartet, daß er den Tod seiner Frau als ein Zeichen betrachtet, sich von der Verwandtschaft zurückzuziehen, um als Mönch oder wie ein Mönch zu leben.

Srī Rāmakrishna fragte M. nach dessen Freund, Hari Bābu.

M.: Er ist gekommen, um euch zu sehen. Seine Frau ist vor langer Zeit gestorben.

Srī Rāmakrishna [zu Hari Bābu]: Was tust du denn?

M.: Eigentlich tut er gar nichts. Doch kümmert er sich sehr um seine Brüder, Schwestern und seine Eltern.

Srī Rāmakrishna (lächelnd): Wieso? Bist du wie Großer Bruder Kürbis-Schneider geworden? Du bist weder ein Familienvater noch ein Bhakta Gottes. Das ist nicht gut. Manchmal wohnt im Haus ein Mann, der bleibt Tag und Nacht in der Nähe der Frauen, hockt auf der Veranda und raucht *gluck-gluck* eine Wasserpfeife, sitzt tatenlos herum. Nur manchmal geht er ins Haus und zerschneidet den Kürbis. Frauen dürfen nämlich keine Kürbisse zerschneiden, darum schicken sie ihre Kinder zum großen Bruder und sagen: «Ruf ihn herbei. Er soll den Kürbis in zwei Stücke zerteilen.» Dann zerteilt er den Kürbis in zwei Stücke. So weit geht die Nützlichkeit eines solchen Mannes. Darum heißt er «Großer Bruder Kürbis-Schneider».

Tu das *eine*, und das *andere* tu auch. Sammele deine Gedanken auf Gottes Lotosfüße – in dieser Haltung verrichte deine Arbeit in der Welt. Und wenn du allein bist, dann lies die Lehrbücher über Bhakti, wie das Srīmad Bhāgavata oder das Chaitanya-Charitāmrita.

Die Erfahrung des ungeteilten Göttlichen Bewußtseins

Gesellschaftlich unterscheidet der Hindu streng zwischen rituell reinen und rituell unreinen Menschen, Handlungen und Dingen. Berührung mit Unreinem schafft Unreinheit; insbesondere machen verunreinigte Speisen den Essenden unrein. In seiner Vision des einen, ungeteilten Bewußtseins schaut Rāmakrishna zunächst Menschen radikal unterschiedlicher Herkunft, darunter auch Menschen mit einem «unreinen» Beruf (Latrinenfeger), sowie Menschen außerhalb der Hindu-(Kasten-)Gesellschaft (Engländer, Muslims), von denen ein Brahmane wie Rāmakrishna auch keine Speisen annehmen soll, legt man die Vorschriften streng aus. Die zweite Vision ist drastischer: Kot und Urin schaut er zusammen mit Reis und Gemüse, allgemeinen Nahrungsmitteln; sie liegen ununterschieden beieinander, und Rāmakrishna berührt unterscheidungslos alles. Für einen Hindu liegt eine starke Affirmation des Einen und Ungeteilten vor, wenn solche gesellschaftlichen und zum Teil natürlichen Trennungen nichtig werden.

Srī Rāmakrishna beschreibt nun seinen eigenen Zustand bei Brahma-Jñāna.

Srī Rāmakrishna: Einmal habe ich gesehen: [Es gibt nur] *ein* Bewußtsein *(caitanya)* – undifferenziert. Zuerst zeigte es mir, daß es viele Menschen, Tiere und Lebewesen gibt. Unter ihnen waren Bābus, Engländer, Muslims, ich selbst, Latrinenfeger, Hunde und ein bärtiger Muslim, der in der Hand einen Teller mit Reis

hielt. Von diesem Reis gab er jedem ein wenig in den Mund. Ich habe auch ein wenig gekostet.
Ein anderes Mal hat es mir gezeigt: Kot, Urin, Reis, gekochtes Gemüse, alle Arten von Essenssachen, alles lag da. Plötzlich kam die Seele *(jībātmā)* aus meinem Innern heraus und kostete von allem wie mit einer Feuerzunge. Wie eine Zunge, die heraushängend nach und nach alle Dinge kostet! Kot, Urin, alles hat sie gekostet! Es hat mir gezeigt, daß alles eins ist – undifferenziert!

Gott wird dem Bhakta zulieb klein

Ein echter Bhakta, sagt Rāmakrishna, will Gott nicht in seiner Größe und Herrlichkeit und schrecklichen Macht erleben, sondern in seiner (vermenschlichten) «Kleinheit» – als Kind, etwa als Gopāl, wie Krishna als jünglinghafter Kuhhirte hieß. Zu Beginn des Bhakti-Weges erscheint Gott dem Bhakta groß und machtvoll, und er zieht den Bhakta unwiderstehlich an. Nachdem die Bhakti gereift ist, dreht sich das Verhältnis um: Der Bhakta ist so rein, durch seine Gottesliebe für Gott so liebenswert geworden, daß Gott sich vom Bhakta angezogen fühlt und er zu ihm eilt, um in seinem Herzen zu wohnen: In seiner Gnade «erniedrigt» sich Gott vor seinem Bhakta. Die beiden Mensch-Gott-Beziehungen entsprechen Dāsya-Bhāva und Vātsalya-Bhāva.

MANI: Ihr habt doch oft gesagt: «Wer ein wahrer Bhakta ist, der will die Herrlichkeit [Gottes] nicht sehen. Wer ein wahrer Bhakta ist, der will Gott in der Gestalt von Gopāl sehen. Zuerst wird Gott der Magnet und der Bhakta die Nadel; schließlich wird der Bhakta selbst der Magnet und Gott die Nadel; das heißt, Gott wird neben dem Bhakta klein.»

SRĪ RĀMAKRISHNA: Wie die Sonne beim Sonnenaufgang. Diese Sonne läßt sich mühelos anschauen. Sie blendet die Augen nicht, sondern ist ihnen angenehm. Der Bhaktas wegen wird Gott mild gestimmt. Er entsagt seiner Herrlichkeit und kommt hin zum Bhakta.

Beide sind wieder still.

Niemand soll Yoga aus selbstsüchtigen Motiven üben

Wer nicht zunächst seine Pflichten in der «Welt» erfüllt hat, soll ihr nicht entsagen; eine solche Entsagung führt zu nichts. Entsagung darf auch keine Ausflucht aus einer unangenehmen Situation im Familien- und Berufsleben sein.
Rāmakrishna wendet sich sodann gegen unlautere Motive in der Ausübung von Sādhanā. Religiöse Übungen dürfen einzig das Ziel der Gottesliebe und Gottesvereinigung haben, keine niedrigen Ziele wie Geldverdienen (durch «Gottes Gnade») und das Erlangen übernatürlicher Kräfte. Die Methoden der Tantra-Philosophie bedienen sich manchmal zweifelhafter Mittel und streben niedrige Ziele an. Während seiner Sādhāna-Periode hat Rāmakrishna selbst unter Anleitung einer Nonne, der «Bhairabī», Tantra geübt; doch hat er später seine Schüler vor diesem schwierigen Weg, der leicht ein Irrweg wird, gewarnt. Rāmakrishna warnte ebenso vor übernatürlichen Kräften (siddhi) *und bemühte sich, seine eigenen Kräfte nicht anzuwenden und zu zeigen. Wunderkräfte können sich ungewollt manifestieren, doch niemand sollte sie anstreben und gebrauchen, sonst können sie den spirituellen Fortschritt hemmen. Auch die Hatha-Yogīs sind mehr um die Verlängerung ihrer Lebensdauer bemüht, anstatt die Beherrschung des Körpers für das höchste Ziel, die Vereinigung mit Gott, einzusetzen.*

Srī Rāmakrishna: Achalānanda hat sich nicht um seine Kinder gekümmert. Er hat mir gesagt: «Um die Kinder wird sich Gott kümmern. Das ist alles Gottes Wille!» Ich habe schweigend zugehört. Ich sagte:

«Wer wird für die Kinder sorgen?» Ich darf nicht durch Tricks aus der Tatsache Kapital schlagen, daß ich Frau und Kinder verlassen habe. Die Leute werden meinen: Er hat allem entsagt, und sie überschütten ihn mit Geld.[96]

Um einen Gerichtsprozeß zu gewinnen, viel Geld zu kriegen, um mitzuhelfen, damit andere ihren Prozeß gewinnen, um anderen zu Besitz zu verhelfen – übt man darum Sādhanā? Das zeugt von sehr niedriger Gesinnung.

Mit Geld kann man seine Nahrung, eine Unterkunft bekommen, damit kann man Gott dienen, den Sādhus und Bhaktas dienen; wenn einem ein Armer begegnet, kann man ihm helfen. Das alles ist ehrlicher Gebrauch von Geld. Geld ist nicht dafür da, um Reichtum zu genießen.

Um übernatürliche Kräfte zu erreichen, üben Menschen *pañca-makār* nach den Regeln des Tantra. Aber welch niedrige Gesinnung! Krishna hat Arjuna gesagt: «Bruder, wenn du eine der acht übernatürlichen Kräfte erworben hast, mag deine spirituelle Kraft *(śakti)* dadurch ein wenig größer werden, doch mich wirst du auf diese Weise nicht erreichen.» Wer übernatürliche Kräfte besitzt, der ist nicht frei von Māyā.

Von Māyā kommt wiederum Ichsucht. Welch niedrige Gesinnung! Trinkt man von einem ekelerregenden Gefäß drei Schluck geweihten Weines, was hat man davon? Was hat man davon, einen Gerichtsprozeß zu gewinnen!

Der Körper, Geld, all das ist vergänglich. Warum ihretwegen so viel Aufhebens? Seht ihr nicht, wie's den Hatha-Yogīs geht? Wie kann man die Lebenszeit des Körpers verlängern – nur das ist ihre Sorge. Um Gott kümmern sie sich nicht.

[96] Ein Mönch hat traditionell Anspruch auf Almosen von der Laienbevölkerung.

Rāmakrishnas Abneigung gegen Geld

Rāmakrishna erzählt von zwei Begegnungen, die seine Abneigung gegen Geld dokumentieren. Er konnte in dieser Zeit Geld nicht mehr anfassen, auch kein Geld besitzen, ohne körperliche und psychische Abwehrreaktionen zu spüren. Darum lehnte er es streng ab, Gott um Geld und weltliche Vorteile für andere Menschen zu bitten. Zu den weltlichen Vorteilen gehört für ihn auch die Gesundheit des Körpers, der im Hinduismus, wie alles außer der Seele, als sterblich gilt.

Srī Rāmakrishna: Mahindor Pāl von Sinthi hatte fünf Rupien hiergelassen – bei Rāmlāl. Als er weggegangen war, erzählte mir Rāmlāl davon. Ich fragte: «Warum hat er Geld gegeben?» Rāmlāl sagte: «Für unsere Ausgaben.» Da dachte ich daran, daß wir noch Schulden für die Milch hatten, damit konnte man etwas abbezahlen. O Mā! Als ich nachts schlief, mußte ich plötzlich aufstehen. Auf einmal begann's in der Brust zu kratzen wie mit Katzenkrallen. Dann bin ich zu Rāmlāl gegangen und habe gesagt: «*Wem* hat er das gegeben? Hat er's deiner Tante[97] gegeben?» Rāmlāl hat gesagt: «Nein, für *Euch* hat er's gegeben.» Dann habe ich gesagt: «Nein, gib sofort das Geld zurück, sonst habe ich keinen Frieden.»

Rāmlāl ist im Morgengrauen aufgestanden und hat das Geld zurückgebracht, erst dann war alles gut.

....

Srī Rāmakrishna: Eines Tages war ein reicher Herr gekommen. Er sagte mir: «Ihr müßt Euch darum bemühen, daß ich diesen Prozeß gewinnen kann. Ich habe von Euch gehört, darum bin ich gekommen.» Ich habe gesagt: «Mein Lieber, so einer bin ich nicht, du hast dich vertan. Das macht Achalānanda.»

[97] Sāradā, Rāmakrishnas Ehefrau.

Wer wirklich Bhakti zu Gott hat, der sorgt sich nicht um Körper, Geld und all das. Der denkt: Für körperliches Wohlbefinden oder menschliche Ehre oder Geld, was braucht man da *japa* und dergleichen zu üben. Das alles ist vergänglich, dauert nur zwei, drei Tage.

«Es genügt, Gottes Namen auszusprechen!»

Das ständige Wiederholen eines göttlichen Namens ist eine beliebte religiöse Übung im Hinduismus wie im Christentum. Im Hinduismus heißt sie Japa, im Christentum spricht man von Jesusgebet oder Herzensgebet. Dem Namen Gottes wohnt göttliche Kraft inne, er steht stellvertretend für Gott, ja, er wird manchmal als eine Daseinsweise Gottes gesehen und verehrt. Krishna-Kishor ist so fest von der Wirksamkeit des Namens überzeugt, daß er behauptet, man müsse ihn nur ein*mal aussprechen, um von allen Sünden befreit zu sein. Haladhārī ist skeptisch; zweifelnd führt er das Beispiel von Ajāmila an, eines großen Sünders, der einen Sohn namens Nārāyana (ein Name von Gott Vishnu) hatte. In seiner Sterbestunde rief Ajāmila nach seinem Sohn und verschied. Da er den Namen Gottes ausgesprochen hatte, heißt es, wurde seine Seele in den Himmel Vishnus (Vaikuntha) aufgenommen. Haladhārī kann nicht glauben, daß das zufällige Aussprechen von «Nārāyana» ohne Sammlung auf Gott ausreicht, um Gnade zu finden; Askese sei gewiß auch notwendig.*

SRĪ RĀMAKRISHNA: Ja, Glaube! Was für einen Glauben Krishna-Kishor hatte! Er würde sagen: Ich habe Gottes Namen einmal ausgesprochen, was kann ich noch für Sünden haben! Ich bin rein und unbefleckt geworden. Haladhārī hatte gesagt: «Ajāmila hat gewiß auch Askese üben müssen. Wer keine Askese übt, kann der Gottes Gnade bekommen? Nur einmal ‹Nārāyana› sagen, was hilft das schon!» Wie zornig Krishna-Kishor wurde, als er das hörte! Als er [später] kam, um in diesem Garten Blumen zu pflücken, hat er nicht einmal in die Richtung von Haladhārī geblickt.

Haladhārīs Vater war ein großer Bhakta. Als er beim Baden bis zur Hüfte ins Wasser ging und Mantras sprach, als er [mit] *raktavarṇam caturmukham*[98] und dergleichen meditierte, fielen Tränen der Gottesliebe von seinen Augen.

Eines Tages kam ein Sādhu an das Gangesufer in der Gegend von Āriādaha. Wir entschlossen uns, ihn zu besuchen. Haladhārī sagte: «Was hat man davon, dieses Gehäuse aus den fünf Elementen[99] zu besuchen?» Als das später Krishna-Kishor hörte, sagte er: «Was! ‹Was hat man davon, einen Sādhu zu besuchen?› – das hat er gesagt! Wer [unentwegt] Krishnas Namen oder Rāmas Namen ausspricht, der bekommt einen Leib aus Göttlichem Bewußtsein. Und der sieht alles als Göttliches Bewußtsein. ‹Syāma[100] ist Göttliches Bewußtsein, seine Wohnung ist auch Göttliches Bewußtsein.›» Er hat [auch] gesagt: «Wer einmal Krishnas Namen oder einmal Rāmas Namen ausspricht, der bekommt den [spirituellen] Gewinn von hundert Abendgebeten *(sandhyā)*.» Als einer seiner Söhne starb, hatte er beim Sterben Rāmas Namen ausgesprochen. Krishna-Kishor sagte: «Er hat ‹Rāma› gesagt, was sorgen wir uns noch um ihn.» Von Zeit zu Zeit hat er trotzdem ein wenig geweint. Die Trauer eines Vaters um seinen Sohn.

98 Sanskrit-Mantra zu Ehren des Schöpfergottes Brahmā, des «rotfarbigen und vierköpfigen».

99 Der menschl. Körper, so wie alle Materie, besteht aus den fünf Elementen Erde, Feuer, Wasser, Luft und Raum (räumliche Ausdehnung).

100 «Der Dunkle», Name für Krishna, der eine dunkle Hautfarbe hat. – Der Satz bedeutet: Wer immerzu Krishnas Namen ausspricht, schaut Krishna als Göttliches Bewußtsein, sowie die ganze Welt, in der Krishna wohnt.

Die Dualitäten des Lebens überwinden

In diesem Abschnitt wird Jñāna als niedrige Stufe des Wissens verstanden, als rationales, begriffliches Wissen; Vijnāna ist vollkommenes, geistiges Wissen. Jñāna ist noch im Bereich der Dualitäten angesiedelt, im Bereich der Māyā, in dem jeder Satz, jedes Faktum von seinem Gegenteil bestimmt und abgegrenzt wird.[101]

SRĪ RĀMAKRISHNA: Aber es gibt etwas noch über Brahma-Jñāna hinaus. Nach Jñāna kommt vollkommenes Jñāna *(bijñāna)*. Wer Jñāna, Erkenntnis *(bodha)*, besitzt, der besitzt auch Ajñāna. Vasishtha war übermannt von Trauer um seine hundert Söhne. Als Lakshmana ihn danach fragte, sagte Rāma: «Bruder, gehe über Jñāna und Ajñāna hinaus. Wer Jñāna hat, hat auch Ajñāna. Wenn ein Dorn in den Fuß sticht, muß man einen anderen Dorn nehmen, um ihn herauszuziehen. Dann wirft man beide Dornen weg.»

MANI: Muß man beides, Jñāna und Ajñāna, wegwerfen?

SRĪ RĀMAKRISHNA: Ja, darum ist Vijñāna notwendig. Sieh doch, wer Licht kennt, kennt Dunkelheit. Wer Glück kennt, kennt Kummer. Wer Verdienst kennt, kennt Sünde. Wer Gutes kennt, kennt Schlechtes. Wer Reines kennt, kennt Unreines. Wer «Ich» kennt, kennt auch «Du».

Vijñāna – das heißt, Gott auf besondere Weise erfahren. Im Holz ist Feuer: Diese Erkenntnis, diese Überzeugung ist Jñāna.[102] Mit diesem Feuer Reis kochen, essen und dann drall und prall werden, das ist Vijñāna. «Es gibt Gott», davon fest überzeugt sein – das ist Jñāna; mit Gott verkehren, mit ihm fröhlich sein – wie die Mutter mit ihrem Kind, wie mit einem Freund, wie

[101] Vgl. S. 121–123; sowie «Srī Rāmakrishna – Setze Gott keine Grenzen». S. 149.

[102] Vgl. Fußnote 99; Holz hat auch das Element Feuer in sich.

ein Diener mit seinem Meister, wie ein Liebhaber mit seiner Geliebten[103] – *das* ist Vijñāna. Gott ist die Lebewesen und die Welt geworden – dies schauen, das ist Vijñāna.

Der Yoga der Gewöhnung

SHRĪSH: Wer immerzu in der Familie bleibt, für den ist es sehr schwer, auf Gott zuzugehen.

SRĪ RĀMAKRISHNA: Wieso? Und wie steht es mit dem Yoga der Gewöhnung[104]? Zu Hause verkaufen die Schreinerfrauen geplätteten Reis. Hör mal zu, wie viele Arbeiten die gleichzeitig tun. Während der Stempel vom *ḍhẽki*[105] fällt, schiebt die Frau den Reis mit einer Hand ins Loch, mit der anderen hält sie ihr Kind auf dem Schoß und gibt ihm die Brust. Dann kommt ein Kunde. Während der Stempel vom *ḍhẽki* fällt, geht das Gespräch mit dem Kunden weiter. Sie sagt: «Also, die paar Pfennige Schulden, die du hast, die gib mir zurück, dann nimm, was du brauchst.»
Sieh mal, dem Kind die Brust geben, während der Stempel vom *ḍhẽki* fällt, den Reis ins Loch schieben, und den enthülsten Reis herausnehmen, dann mit den Kunden reden, das tun sie alles gleichzeitig. Das ist der Yoga der Gewöhnung. Aber zu fünfzehn von sechzehn Teilen ist ihre Aufmerksamkeit auf den Stempel des *ḍhẽki* gerichtet, damit er nicht auf die Hand fällt. Und ein Teil richtet sich darauf, dem Kind die Brust

103 Vgl. die Bhāvas, S. 128–130.

104 D.h. durch ständige Übung gute Gewohnheiten schaffen.

105 Dieses Instrument zum Enthülsen der Reiskörner sieht man bis heute in den bengalischen Dörfern. Am Ende eines Holzbalkens ist ein eiserner Stempel befestigt, der in ein Loch im Boden fällt. In das Loch schieben die Frauen Reis. Jemand bewegt am anderen Ende den Balken mit dem Fuß auf und ab, so daß der Stempel rhythmisch immer wieder ins Loch fällt und die Reiskörner enthülst.

zu geben und mit dem Kunden zu reden. Ebenso, wer ein Familienleben führt, soll fünfzehn Teile seiner Aufmerksamkeit auf Gott richten. Sonst ist alles vorbei: Er wird in die Hände des Todes fallen. Und mit einem Teil tu die andere Arbeit.

Wer Jñāna erreicht hat, kann in der Familie bleiben. Zuvor muß man allerdings Jñāna erlangt haben. Wenn man ins Wasser des Weltlebens die Milch des Geistes gießt, vermischen sich beide. Darum muß man die Milch des Geistes zuerst zu Joghurt gerinnen lassen, in der Einsamkeit quirlen, die Butter herausnehmen und kann sie dann ins Wasser des Weltlebens legen.

Man sieht also: Sādhanā ist notwendig. Zu Anfang ist es sehr notwendig, einsam zu leben. Wenn der *aśvattha*-Baum ein Schößling ist, muß man einen Zaun darum machen, sonst essen ihn die Ziegen und Kühe auf. Doch wenn der Stamm dick geworden ist, kann man den Zaun wegnehmen. Selbst wenn ein Elefant daran gebunden wird, schadet es dem Baum nicht.

Darum muß man anfangs manchmal die Einsamkeit aufsuchen. Sādhanā ist notwendig. Du willst Reis essen. Du sagst, ohne einen Finger zu rühren: «In einem Holzstück ist Feuer, mit diesem Feuer wird der Reis gekocht.» Wird durch diese Worte der Reis gar? Man muß zuerst noch ein Holzstück holen, beide Hölzer aneinanderreiben, dann schlägt Feuer heraus.

Wer *siddhi* ißt, bekommt einen Rausch und wird vergnügt. Ohne etwas zu essen oder überhaupt was zu tun, sagst du nur: «Siddhi, Siddhi!»? Kriegst du davon einen Rausch, wirst du davon vergnügt?

Erwirb die Gelehrsamkeit von tausend Büchern; wenn du keine Bhakti zu Gott hast, nicht den Wunsch hast, Gott zu erreichen – ist alles Lüge. Ein bloßer Gelehrter ohne Unterscheidungsgabe und Entsagung, der behält Sinnenfreude und Besitzgier im Blick. Ein Geier steigt hoch hinauf, doch sein Blick bleibt auf den Aasplatz gerichtet.

Einzig das ist Wissen, wodurch wir Gott erfahren können, alles andere ist Lüge.

Die Äffchen-und-Kätzchen-Parabel

Srī Rāmakrishna: Sādhanā ist gewiß notwendig, doch es gibt zwei Arten von Übenden. Eine Art hat den Charakter eines Äffchens, und die andere Art den Charakter eines Kätzchens. Das Äffchen krallt sich mit Müh und Not an der Mutter fest. In gleicher Weise meinen einige Übende, man muß *so* viel Japa üben, *so* viel meditieren, *so* viel Askese üben, dann wird man Gott erreichen. Dieser Übende bemüht sich aus eigener Kraft, Gott zu ergreifen.

Aber ein Kätzchen kann sich selbst nicht an seiner Mutter festhalten. Wenn es fällt, ruft es nur *«miau-miau»*. [Es geschieht nur,] was Mutter tut. Die Mutter läßt es manchmal auf dem Bett, manchmal auf dem Dach hinter dem Brennholz zurück. Die Mutter trägt es mit der Schnauze hierhin und dorthin und legt es nieder, es kann sich selbst nicht an der Mutter festhalten. In gleicher Weise kann mancher Übende nicht methodisch Sādhanā üben – *so* viel Japa muß ich üben, *so* viel Meditation muß ich üben und so weiter. Ein solcher Bhakta ruft nur sehnsüchtig unter Tränen Gott an. Gott hört sein Weinen und kann sich nicht zurückhalten; er kommt und zeigt sich ihm.

Das Göttliche Bewußtsein in der ganzen Schöpfung

Srī Rāmakrishna: Es gibt drei Klassen von Bhaktas. Der niedere Bhakta sagt: «Dort ist Gott.» Dabei zeigt er auf den Himmel. Der mittlere Bhakta sagt, daß er im Innern des Herzens als Lenker *(antaryāmī)* wohnt.

Und der beste Bhakta sagt, daß Gott das alles geworden ist: Was ich auch sehe, alles ist eine Form Gottes. Narendra hat sich früher darüber lustig gemacht und oft gesagt: «Gott ist alles geworden. Also ist Gott der Becher, Gott ist die Schüssel.» (Alle lachen.)
Wenn man aber Gott schaut, lösen sich alle Zweifel auf. Zu hören, ist eins; zu sehen, was anderes. Wenn man hört, glaubt man nicht ganz und gar. Wenn man sieht, glaubt man restlos.
Ist die Schau Gottes erreicht, hört die Arbeit *(karma)* auf. Auf diese Weise sind meine rituellen Gottesdienste *(pūjā)* zu Ende gegangen. Ich feierte den Gottesdienst im Kālī-Tempel. Auf einmal zeigte sich mir: Alles ist voll Göttlichen Bewußtseins. Schiffchen und Löffel, der Altar, der hölzerne Türrahmen – alles voll [Göttlichen] Bewußtseins! Menschen, Lebewesen, Tiere – alles voll Göttlichen Bewußtseins. Dann habe ich wie ein Narr nach allen Seiten Blumen gestreut. Was ich anblickte, das habe ich rituell verehrt.[106]
Eines Tages habe ich beim Gottesdienst Bel-Blätter auf Sivas Haupt gestreut. Dabei zeigte sich mir, daß dieser ganze göttliche Kosmos *(birāṭ)* Siva ist. Damit war es mit den Gottesdiensten für die Siva-Figur vorbei. Ich pflückte Blumen, plötzlich zeigte sich mir, daß gleichsam jeder Blütenbaum ein Blumenstrauß war . . .

TRAILOKYA: *Ā-hā*, wie schön ist Gottes Schöpfung.

SRĪ RĀMAKRISHNA: Nicht doch. Das ist mir schlagartig gezeigt worden! Nicht allmählich und planmäßig. Es ist mir gezeigt worden, daß jeder Blütenbaum gleichsam ein Blumenstrauß ist, der diesen göttlichen Kosmos schmückt. Von dem Tag an habe ich aufgehört, Blumen zu pflücken. Auch jeden Menschen betrachte

[106] Die Blumen waren nur für die Kālī-Statue bestimmt; Rāmakrishna beginnt, überall Göttliches zu erkennen und verehrt alles rituell mit Blumen. Schiffchen und Löffel sind Geräte, die bei einer Pūjā benutzt werden.

ich auf diese Weise. Gott selbst geht gleichsam mit dem Körper der Menschen umher, sich hin- und herwiegend wie ein Kissen, das auf den Wellen treibt. Das Kissen treibt, sich hin und her bewegend, weiter, doch kommt eine Welle, wogt es einmal empor und gleitet mit der Welle wieder zu Tal.[107]

Der Körper lebt nur zwei Tage lang. Gott allein ist wahr, der Körper ist heute da, morgen nicht mehr. Vor vielen Jahren, als ich starke Bauchschmerzen hatte, sagte Hriday: «Sag's doch mal Mā, damit die Schmerzen nachlassen.» Ich schämte mich, etwas wegen meiner Krankheit zu sagen. Ich sagte [nur]: «Mā, in der [Asiatic] Society habe ich ein Menschenskelett gesehen. Mit Draht war die Gestalt eines Menschen zusammengeknüpft, Mā! Mach auf dieselbe Weise meinen Körper etwas hart, damit ich deinen Namen und deine Eigenschaften preisen kann.»

Lesen, Hören, Sehen, Verstehen – sich Verwandeln

Srī Rāmakrishna (zu dem Gelehrten): Es gibt viele heilige Schriften wie die Vedas. Doch wer kein Sādhanā, keine Askese übt, kann Gott nicht erreichen. «Gott kann weder in den sechs philosophischen Systemen noch in den Āgamas, den Nigamas und den Sammlungen des Tantra geschaut werden.» Doch was in den heiligen Schriften steht, muß man verstehen und sich demgemäß verhalten.

Jemand hatte einen Brief verloren. Wo er ihn hingelegt hatte, wußte er nicht mehr. Schließlich begann er mit einer Lampe zu suchen. Zwei, drei suchten und fanden den Brief. Darin stand: «Schicke fünf *ser* Süßigkeiten

107 Gott wird mit dem unendlichen Meer, der Mensch mit dem Kissen auf den Wellen verglichen.

und ein Kleidungsstück.» Als er die paar Worte gelesen hatte, warf er den Brief wieder weg. Was brauchte er den Brief noch. Jetzt genügte es, die fünf *serḍ* Süßigkeiten und das Kleidungsstück zu kaufen und wegzuschicken.

Besser als Lesen ist Hören, besser als Hören ist Sehen. Wer aus dem Mund eines Guru oder eines Sādhu [religiöse Lehren] vernimmt, erfaßt sie besser. Dann braucht man sich um den unwesentlichen Teil der heiligen Schriften nicht mehr zu kümmern. Hanumān sagte: «Bruder, von Mondtagen und Sternbildern[108], von all dem weiß ich nichts – ich denke nur an Rāma.» Noch besser als Hören ist Sehen. Wer sieht, dessen Zweifel schwinden alle. In den heiligen Schriften stehen viele Worte; wenn Gott sich nicht geoffenbart hat, wenn man keine Bhakti zu seinen Lotosfüßen erlangt hat, wenn der Geist *(citta)* nicht rein geworden ist – ist alles nutzlos. Der Almanach sagt zwanzig *āṛā* Regen voraus. Doch wenn man den Almanach auswringt, fällt nicht ein Tropfen heraus. Auch kein einziger Tropfen.

Wie lange sollen wir die heiligen Schriften und die anderen Bücher erörtern? Solange sich Gott nicht offenbart. Wie lange summt und brummt eine Biene? Solange sie sich nicht auf einer Blume niederläßt. Wenn sie auf einer Blume hockt und beginnt, Nektar zu trinken, gibt's keinen Laut mehr.

Doch eins sag ich euch: Auch nach der Schau Gottes ist es möglich zu sprechen. Doch diese Worte sind nur Worte der Glückseligkeit über Gott, wie die Rufe «Jay Kālī» eines Betrunkenen. Genauso, nachdem sich eine Biene auf eine Blume niedergelassen und Nektar getrunken hat, summt und brummt sie undeutlich [noch einmal].

....

[108] Die die günstigen und ungünstigen Zeiten für wichtige Handlungen bestimmen.

Ein Jñānī unterscheidet, indem er *neti neti* sagt. Wo er, so immer weiter unterscheidend, [schließlich] Glückseligkeit empfängt, *das* ist Brahman. Was ist die Eigenschaft eines Jñānī? Der Jñānī verhält sich in Übereinstimmung mit den [religiösen] Vorschriften.

Jemand hatte mich nach Chānak mitgenommen. Dort habe ich so einige Sādhus gesehen. Einige von ihnen haben genäht. (Alle lachen.) Als wir ankamen, warfen sie alles beiseite. Dann legten sie ein Bein übers andere und begannen, mit uns zu reden. (Alle lachen.)[109]

Doch die Jñānīs sprechen nicht über Gott, wenn sie nicht gefragt werden. Zunächst werden sie fragen: «Wie geht's dir? *Kaisā hāy?*[110] Wie geht's nun allen zu Hause?»

Doch der Charakter eines *bijñānī* ist anders. Er benimmt sich ganz entspannt; vielleicht hat er seinen Dhoti nur lose umgebunden oder trägt ihn unterm Arm wie Kinder.[111]

«Gott existiert», wer das erkannt hat, ist ein Jñānī. Im Holz gibt es mit Sicherheit Feuer, wer das weiß, ist ein Jñānī. Doch wer aus Holz Feuer schlägt und damit kocht, ißt und rülpst, wer das tut, der ist ein Vijñānī. Die acht Fesseln aber lösen sich bei einem Vijñānī. Begehrlichkeit, Zorn und so weiter bleiben allenfalls in ihrer äußeren Form bestehen.

DER GELEHRTE: «Der Knoten des Herzens wird durchtrennt, zerschnitten werden alle Zweifel.»[112]

SRĪ RĀMAKRISHNA: Ja; ein Schiff fuhr übers Meer. Plötzlich begannen alle seine Eisenteile – Nägel, Schrauben – davonzufliegen. In der Nähe war ein Magnetberg,

109 Hausarbeit gilt als «unmonastisch».

110 In Hindi «Wie geht's?»

111 Der Vijñānī ist sich seiner Umgebung nicht bewußt und hat Schamgefühl und dergleichen abgelegt. – Der Dhoti ist das traditionelle Beinkleid der bengalischen Männer; es ist ein weißes Tuch, das um die Hüfte geknüpft und zwischen den Beinen hindurchgeschlungen wird.

112 In Sanskrit.

darum lockerten sich alle Eisenteile und begannen davonzufliegen.[113]

Das ungeteilte Brahman und die Līlā

Immer wieder ist von der Spannung zwischen dem weltabgekehrten Leben in der absoluten Transzendenz und dem weltzugewandten Leben die Rede. Rāmakrishna befürwortet eine Trennung und Distanz zwischen beiden, doch versucht er immer wieder Verbindungen herzustellen, Brücken zu bauen, zu zeigen, wie sich beides – teilweise – integrieren läßt. Voraussetzung für ein weltzugewandtes Leben ist aber stets, daß der Gottsucher zunächst *Sādhanā geübt hat (was Einsamkeit und Weltabgewandtheit voraussetzt), Gott «erreicht» hat und ihm darum die göttliche Durchdringung der Welt bewußt ist. Ein solcher Mensch erkennt in der Welt das Spielfeld für Gottes wunderbare Taten – die Welt ist Gottes Līlā. Er läßt sich von der Welt nicht mehr verwirren, täuschen, betrüben – er empfindet* ānanda *(Glückseligkeit) im Welt-Leben und im gleichen Maße bei der Versenkung im ungeteilten, eigenschaftslosen Brahman. Die rechte Haltung, mit der man in beiden Sphären glückselig ist, heißt: wahrhaftig sein, Vertrauen in die göttliche Führung haben, sich Gott ohne Vorbehalt hingeben.*

Srī Rāmakrishna: Glückseligkeit ist, beim Nachdenken über Gott den Geist *(manaḥ)* im Ungeteilten[114] aufzulösen; Glückseligkeit ist auch, wenn sich der Geist nicht auflöst, sondern sich auf [das göttliche] Spiel *(līlā)* richtet.

Ein bloßer Jñānī ist ein eintöniger Mensch, er unterscheidet andauernd: «Nicht dies, nicht dies. Dies alles ist wie ein Traum.» Ich habe beide Hände losgelassen, darum nehme ich alles an.

[113] Der Magnetberg ist Gott, der uns von allen Bindungen befreit.
[114] *akhaṇḍa*, Bezeichnung für Brahman.

Eine Frau besuchte ihre Byān[115]. Sie war gerade dabei, Fäden zu spinnen, verschiedene Arten von Seidenfäden. Als sie ihren Gast sah, war sie hocherfreut und sagte: «Byān, ich kann gar nicht sagen, wie froh ich bin, daß du gekommen bist. Einen Moment, ich bringe dir etwas zu essen.» Sie ging hinaus, und als die Byān unterdessen die vielfarbigen Seidenstoffe betrachtete, wurde sie von Gier gepackt. Sie versteckte ein Bündel Fäden unter der Achsel. Die andere kam mit dem Imbiß zurück und bewirtete mit großem Eifer ihren Gast. Doch als sie die Fäden sah, wußte sie, daß ihr Gast ein Bündel Fäden weggenommen hatte. Dann ersann sie einen Plan, um die Fäden wiederzubekommen.
Sie sagte: «Byān, nach langer Zeit sehe ich dich wieder. Heute ist ein großer Freudentag. Ich habe schrecklich große Lust, mit dir zu tanzen.» Die andere sagte: «Liebe, ich bin auch schrecklich froh.» Dann fingen die beiden Byāns an zu tanzen. Die eine Byān sah, daß die andere tanzte, ohne die Arme zu erheben. Da sagte sie: «Komm, Byān, laß uns mit erhobenen Armen tanzen. Heute ist ein großer Freudentag.» Doch die andere begann zu tanzen, indem sie einen Arm auf die Achselhöhle drückte und den anderen hochhielt. Da sagte die eine Byān: «Byān, was ist das? Was tanzt du und hast nur einen Arm erhoben? Komm, laß uns beide Arme erheben und tanzen. Schau hier, ich tanze mit beiden Armen erhoben.» Doch die andere hielt die Achselhöhle zu und begann kichernd mit einem erhobenen Arm zu tanzen und sagte: «Jeder wie er kann, Byān.»
Ich drücke den Arm nicht auf die Achselhöhle, ich habe beide Hände losgelassen, ich habe keine Angst. Darum nehme ich das Ewige und die Līlā, beides, an.

115 Ausgesprochen: «Bän»; Schwiegermutter der eigenen Tochter oder des eigenen Sohnes. Hier begegnen sich also zwei Byāns, d.h. die Mütter von Kindern, die miteinander verheiratet sind.

Man muß der Ichsucht entsagen

SRĪ RĀMAKRISHNA: Ich habe Keshab Sen gesagt, ohne der Ichsucht zu entsagen, geht es nicht. Er hat gesagt: «Dann bleiben keine Unterschiede zwischen den religiösen Gruppen mehr.»[116] Dann habe ich gesagt: «Ich sage dir, daß du dem ‹unreifen Ich›, dem ‹boshaften Ich› entsagen mußt. Doch das ‹reife Ich›, das ‹kindliche Ich›, das ‹Ich eines Gottes-Dieners›, das ‹Ich des Wissens›, das ist nicht schlimm. Das ‹Ich des Familienvaters›, das ‹Ich des Nichtwissens›, das ‹unreife Ich› ist wie ein dicker Stab. Der Stab hat das Wasser des Sat-Chit-Ānanda-Meeres gleichsam zweigeteilt. Doch das ‹Ich des Gottes-Dieners›, das ‹kindliche Ich›, das ‹Ich des Wissens› ist wie ein Strich auf dem Wasser. Das Wasser ist eins, das erkennt man ganz genau, nur in der Mitte ist ein Strich, als sei das Wasser zweigeteilt. In Wirklichkeit gibt es nur ein Wasser, wie man sieht.»

Die drei Klassen von Sādhus

SRĪ RĀMAKRISHNA (zu Bijay und den anderen): Es gibt drei Klassen von Sādhus: beste, mittelmäßige und niedere. Die besten bemühen sich nicht, Nahrung zu bekommen. Die mittelmäßigen und schlechten sind etwa die *daṇḍīs* und ähnliche. Die mittelmäßigen sagen: «Nāmo Nārāyana»[117] und bleiben stehen. Die schlech-

[116] D.h.: Dann gerät er in eine so tiefe spirituelle Stimmung, daß er keine Unterschiede zwischen Menschen und Gruppen mehr wahrnimmt und er folglich auch seine eigene Organisation, den Brāhmo-Samāj, nicht mehr leiten kann. Vgl. «Srī Rāmakrishna – Setze Gott keine Grenzen». S. 89.

[117] «Ehrerbietung [dir] Nārāyana» (Sanskrit). Die mittelmäßigen Mönche bleiben auf ihrem täglichen Bettelgang vor jedem Haus stehen, grüßen und warten schweigend auf Almosen.

ten, die zanken, wenn man nichts gibt. (Alle lachen.) Der Sādhu der guten Klasse verhält sich wie ein Python[118]. Er bekommt seine Nahrung, ohne sich zu rühren. Ein Python bewegt sich nicht von der Stelle. Ein jugendlicher Sādhu, der seit Kindheit ein Brahmachārī gewesen war, ging betteln. Ein Mädchen gab ihm ein Almosen. Als er ihre Brüste sah, glaubte er, sie habe Geschwüre. Darum fragte er sie danach. Dann erklärten die älteren Frauen des Haushalts [dem Sādhu], sie werde eines Tages in ihrem Bauch ein Kind bekommen, darum habe Gott ihr Brüste gemacht und werde sie mit Milch füllen. Gott habe also von vornherein Vorsorge getroffen. Als der jugendliche Sādhu das hörte, war er erstaunt. Da sagte er: «Also brauche ich nicht zu betteln. Für mich gibt's auch Nahrung.»

Rāma und die Kröte

Srī Rāmakrishna: Dem Wohl und Wehe des Körpers kann niemand entrinnen. Wer Gott erreicht hat, der gibt Denken und Fühlen, die Lebenskraft, den Körper, den Ātman, alles ihm hin. Als Rāma und Lakshmana im Pampā-See baden gingen, stießen sie ihren Bogen in den Lehm nahe des Wassers. Als sie nach dem Bad herausstiegen, zog Lakshmana den Bogen heraus und sah, daß [die Spitze] blutig geworden war. Als Rāma das sah, sagte er: «Bruder, sieh mal nach, vielleicht ist ein Tier verletzt worden.» Lakshmana grub nach und entdeckte eine Kröte. Sie war im Sterben. Rāma sagte mitleidvoll: «Warum hast du keinen Laut von dir gegeben? Wir hätten versucht, dich zu retten. Wenn dich eine Schlange in den Fängen hält, quakst du doch laut.» Die Kröte sagte: «Wenn mich eine

118 Eine Python-Schlange wartet unbeweglich auf ihre Beute; ebenso warten die besten Mönche, bis man ihnen ungebeten Nahrung gibt.

Schlange fängt, dann quake ich laut: ‹Rāma, rette mich, Rāma, rette mich!› Jetzt sehe ich, Rāma selbst tötet mich. Darum bin ich still.»

Gott tut alles

Srī Rāmakrishna: Wegen seiner Ichsucht kann ein Lebewesen Gott nicht sehen. Wenn Wolken aufkommen, kann keiner mehr die Sonne sehen. Doch ist sie nicht da, weil sie nicht zu sehen ist? Gewiß ist die Sonne da. Aber das ‹kindliche Ich›, das schadet nicht, es ist sogar gut. Spinat essen macht krank; aber *hiñce*-Spinat ist gesund. *Hiñce*-Spinat gehört nicht zum Spinat. Kandiszucker gehört nicht zu den Süßigkeiten. Andere Süßigkeiten machen krank, aber Kandiszucker verursacht keine Krankheit des Schleims.

Darum habe ich Keshab Sen gesagt: «Wenn ich dir noch mehr sage, dann bleiben keine Unterschiede zwischen den religiösen Gruppen mehr.»[119] Keshab hat Angst bekommen. Ich habe dann gesagt: «Das ‹kindliche Ich›, das ‹Ich eines Dieners›, die schaden nicht.» Wer Gott geschaut hat, der sieht: Gott selbst ist die Lebewesen und die Welt geworden. *Alles* ist er. Wer so empfindet, der ist der beste Bhakta.

Girish (lächelnd): *Alles* ist er, trotzdem bleibt ein wenig Ich. Das verursacht keine Krankheit des Schleims.

Srī Rāmakrishna (lächelnd): Ja, das macht nichts. Das bißchen ‹Ich› ist da, um [Gott] zu genießen. Wenn ‹Ich› und ‹Du› getrennt sind, können wir uns aneinander freuen. Die Beziehung zwischen Diener und Meister entsteht.[120]

[119] Vgl. Fußnote 116.

[120] Nur wenn das ‹Ich› des Bhakta und das ‹Du› des personalen Gottes getrennt bleiben, ist eine Beziehung der Bhakti möglich.

Es gibt auch den Bhakta der mittelmäßigen Klasse. Er sieht, daß Gott als Lenker des Innern in allen Lebewesen wohnt. Der Bhakta der niederen Klasse sagt: «Es gibt Gott: dort oben» – das heißt über den Wolken. (Alle lachen.)

Als ich die Hirten von Golaka sah, empfand ich aber, daß Gott alles geworden ist.[121] Wer Gottes Schau erfahren hat, der spürt deutlich, Gott ist der Handelnde *(kartā)*, er hat alles getan.

GIRISH: Ich habe aber genau begriffen: Gott tut alles.

SRĪ RĀMAKRISHNA: Ich sage: Mā, ich bin das Werkzeug, du bist die Werkzeugmeisterin; ich bin leblos, du bist die Erweckerin des Bewußtseins, wie du mir zu tun befiehlst, tue ich. Wie du mir zu sagen befiehlst, sage ich. Die Unwissenden sagen: «Ein wenig tu ich, ein wenig tut er.»

GIRISH: Was tu ich schon? Und warum [soll ich mich] überhaupt [noch um] Arbeit *(karma)* [kümmern]?

SRĪ RĀMAKRISHNA: Nicht doch, Arbeit ist gut. Wenn du das Feld gut vorbereitet hast, wird alles wachsen, was du pflanzt. Doch muß man die Arbeit ohne Begierde tun.

Das Licht der Gnade erhellt im Nu das Dunkel der Sünde

GIRISH: Segnet mich also, bitte.

SRĪ RĀMAKRISHNA: Glaube an Mutters Namen, das genügt.

GIRISH: Was für ein Sünder ich bin!

SRĪ RĀMAKRISHNA: Wer immer von Sünde spricht, der Dummkopf wird wirklich noch ein Sünder.

121 Rāmakrishna spricht von einem Theaterstück, das er in Girishs Theater gesehen hat. Golaka ist der «Himmel» von Gott Vishnu.

GIRISH: Selbst die Erde, auf der ich gesessen habe, ist unrein.

SRĪ RĀMAKRISHNA: Wieso! Wenn in ein Zimmer, das tausend Jahre lang dunkel war, Licht fällt, wird es darin ganz allmählich hell oder wird's *schwups!* hell?

GIRISH: Ihr habt mich [also] gesegnet.

Was ist mein «Ich»?

Sādhanā ist, psychologisch gesehen, eine allmähliche Korrektur von falschen Selbstidentifikationen. Das alltägliche Ich-Bewußtsein ist mit dem Körper, den Gefühlen und dem Denken, auch mit Besitz, Familie, Umgebung identifiziert – nicht aber mit der innewohnenden göttlichen Seele (Ātman). Der Übende bemüht sich, nach und nach sein Ich-Bewußtsein mit dem innewohnenden Gott zu identifizieren und alles übrige als Nicht-Ich zu betrachten. Der Witz der folgenden Geschichte beruht auf dieser geläuterten, wahren Selbstidentifikation mit Gott: Gott ißt nicht, Gott ist reiner Geist, das Nicht-Ich hat von den Speisen gegessen.

SRĪ RĀMAKRISHNA: Vyāsadeva überquerte die Yamunā. Die Milchmädchen waren auch da, auch sie wollten den Fluß überqueren. Sie wollten Joghurt, Milch und Rahm verkaufen, doch es war kein Boot da. Alle überlegten, wie sie den Fluß überqueren sollten. Da sagte Vyāsadeva: «Ich habe einen Riesenhunger.» Also bewirteten die Milchmädchen ihn mit ihrer ganzen *kṣīrḍ, sarḍ* und *nanī*. Vyāsadeva aß fast alles auf. Dann sprach Vyāsadeva zur Yamunā; «Yamunā! Wenn es wahr ist, daß ich nichts gegessen habe, dann soll sich dein Wasser teilen, und wir werden auf dem Weg in der Mitte hindurchgehen.» Genau so geschah's! Die Yamunā teilte sich, in der Mitte entstand ein Weg bis zum anderen Ufer. Darauf haben Vyāsadeva und die Milchmädchen alle den Fluß überquert.

«Ich habe nichts gegessen» – das bedeutet, daß ich dieser reine Ātman bin, der reine, ungebundene Ātman, jenseits von *prakṛti*. Er hat weder Hunger noch Durst! Weder Geburt noch Tod; er ist alterslos, todlos, wie der Berg Sumeru.

Wer dieses Brahma-Jñāna erreicht, der ist ein zu Lebzeiten Befreiter *(jībanmukta)*! Der versteht genau, daß der Ātman und der Körper zweierlei sind. Wer die Schau des Herrn hatte, den verläßt das Bewußtsein davon, daß der Körper und Ātman identisch sind. Die beiden sind verschieden. Genauso wie, wenn die Milch in einer Kokosnuß austrocknet, Kokosfleisch und Schale sich trennen. Der Ātman bewegt sich gewissermaßen im Körper. Ebenso entsteht, wenn die Milch des weltlichen Verstandes austrocknet, Ātma-Jñāna. Ātman und der Körper erscheinen verschieden.

Rāmakrishna kann kein Metall anfassen

Srī Rāmakrishna war in einem eigentümlichen Zustand. Er konnte kein Metall anfassen. Er sagte: «Ich glaube, Mā nimmt alles, was irgendwie mit Reichtum zu tun hat, von mir weg.» Er aß jetzt von einem Bananenblatt und trank von einem Tonnapf. Er konnte die Wasserkanne nicht berühren, darum bat er die Bhaktas, irdene Töpfe zu bringen. Rührte er die Kanne oder den Teller an, kribbelte und zuckte es in der Hand, als sei er von einem *siñgi*-Fisch gestochen worden.

«Sādhu, gib acht!»

Dieser Abschnitt spiegelt die Konflikte wider, welche die Schüler von Rāmakrishna, die vielfach noch in die Schule oder in ein College gingen oder eine Anstellung hatten, mit ihrem Elternhaus austragen mußten. Viele Eltern wollten nicht zulassen, daß ihr Sohn in den spirituellen Einfluß des Heiligen in Dakshineswar geriet; sie fürchteten, die jungen Männer würden ihre Beziehungen zur Familie lockern, gesellschaftliche Konventionen ablehnen und zuletzt möglicherweise ein monastisches Leben führen wollen. Wie berechtigt die Sorge der Familien war, zeigt die spätere Entwicklung.

SRĪ RĀMAKRISHNA (zu Tāraks Freund): Wollt ihr euch nicht alle mal die Tempel anschauen?

FREUND: Die habe ich schon alle gesehen.

SRĪ RĀMAKRISHNA: Daß Tārak hierhin kommt, ist das schlecht?

FREUND: Das wißt Ihr [am besten].

SRĪ RĀMAKRISHNA (auf M. zeigend): Er ist ein Schulrektor.

FREUND: So.

Srī Rāmakrishna fragte Tārak, wie es ihm gehe. Und er sprach viel mit ihm. Nach vielen Gesprächen war Tārak bereit, sich zu verabschieden. Srī Rāmakrishna bat ihn, sich vor verschiedenen Dingen in acht zu nehmen.

SRĪ RĀMAKRISHNA (zu Tārak): Sādhu, gib acht! Hüte dich vor Sinnenfreude und Besitzgier. Wer *ein*mal in die Māyā des weiblichen Geschlechts eingesunken ist, hat keine Kraft mehr, aufzutauchen. Es ist wie die Untiefen von Visālakshī[122]; wer einmal hineingefallen ist, kommt nicht mehr heraus. Und komm von Zeit zu Zeit zu mir.

TĀRAK: Zu Hause möchten sie nicht, daß ich zu Euch komme.

EIN BHAKTA: Wenn eine Mutter sagt: «Geh nicht nach Dakshineswar!» Wenn sie schwört und sagt: «Wenn du gehst, saugst du mein Blut!» [– Was dann?]

[122] Ein Bach in der Nähe von Kāmārpukur.

SRĪ RĀMAKRISHNA: Eine Mutter, die so etwas sagt, ist keine Mutter, die ist das leibhaftig gewordene Unwissen. Es ist kein Vergehen, einer solchen Mutter nicht zu gehorchen. Eine solche Mutter legt Hindernisse auf den Weg zu Gott. Es ist kein Vergehen, um Gottes Willen die Worte der Älteren zu mißachten. ... Die Milchmädchen haben, um Krishna zu sehen, die Verbote ihrer Ehemänner nicht befolgt. Prahlāda hat Gott zuliebe die Worte seines Vaters nicht befolgt. Aus Liebe zu Gott hat Bali die Worte seines Guru Sukrāchārya nicht befolgt. Vibhīshana hat, um die Gunst Rāmas zu erwerben, die Worte seines älteren Bruders Rāvana nicht befolgt.

Doch außer den Worten «Wandle nicht auf Gottes Weg!», sollst du [den Älteren] in allen Dingen folgen. Laß mal sehen, zeig mir deine Hand.

Darauf fühlte er, schien es, wie schwer Tāraks Hand war. Ein wenig später sagte er: «Ein bißchen [vom Schleier] ist noch da. Doch das wenige wird verschwinden. Bete zu Gott ein wenig und komm manchmal hierher. Das wenige wird verschwinden! Hast du am Bowbāsār in Kalkutta eine Wohnung gemietet?»

TĀRAK: Nein, *die*[123] haben das getan.

SRĪ RĀMAKRISHNA (lächelnd): Sie oder du? Hast du etwa Angst vor dem Tiger?

Hatte Srī Rāmakrishna die Ehefrau einen «Tiger» genannt?

Tārak verabschiedete sich mit einer tiefen Verneigung *(praṇām)*. Srī Rāmakrishna lag auf dem kleinen Bett, anscheinend dachte er über Tārak nach. Plötzlich sagte er zu M.: «Warum habe ich so große Sehnsucht nach ihnen[124]?» M. blieb wortlos sitzen.

[123] Die Verwandten.

[124] Nach seinen jugendlichen Schülern; vgl. S. 62–64.

Konzentration während der Meditation

Srī Rāmakrishna: Jemand fängt allein am Rand eines Teichs Fische. Nach langer Zeit bewegt sich der Schwimmer. Dann und wann kippt er um. Sogleich bemüht er sich, die Angelrute in der Hand, die Leine herauszuziehen. In diesem Augenblick tritt ein Fußgänger an ihn heran und fragt: «Könnt Ihr mir sagen, wo ein gewisser Herr Bannerji wohnt?» Keine Antwort. Jener ist gerade dabei, die Angelrute in der Hand, die Leine herauszuziehen. Immer wieder fragt der Fußgänger mit lauter Stimme: «Könnt Ihr mir sagen, wo ein gewisser Herr Bannerji wohnt?» Der andere merkt nichts. Seine Hände zittern, sein Blick ist starr auf den Schwimmer gerichtet. Dann geht der Fußgänger verärgert weiter. Als er schon ein gutes Stück weggegangen ist, da taucht der Schwimmer unter, der Fischer strafft die Leine und zieht den Fisch ans Ufer. Dann wischt er mit seinem Tuch über sein Gesicht und ruft laut hinter dem Fußgänger her: «*O-hee*, hör zu!» Der Fußgänger will nicht mehr zurückkehren. Erst nach viel Rufen und Schreien kehrt er zurück. Dann sagt er: «Warum? Warum rufst du mich zu dir?» Dann sagt der andere: «Was hast du mir gesagt?» Der Fußgänger sagt: «Soeben habe ich wer-weiß-wie-oft gefragt, und jetzt fragst du: ‹Was hast du gesagt?›» Der andere sagt: «Da war gerade der Schwimmer untergetaucht, drum hab ich überhaupt nichts gehört.»

In der Meditation gibt es eine solche Sammlung des Geistes auf einen Punkt, daß man überhaupt nichts anderes sehen und hören kann. Man spürt nicht einmal eine Berührung. Eine Schlange kriecht über den Körper, und man merkt nichts. Der Meditierende spürt es nicht, und die Schlange merkt es auch nicht.[125]

[125] Daß sie über einen lebendigen Körper kriecht.

In tiefer Meditation hören die Sinne auf, tätig zu sein. Der Geist *(mana⃒)* ist nicht nach außen gewandt, so als sei das Tor zum Grundstück verschlossen worden. Die Sinne haben fünf Gegenstände: Form, Geschmack, Geruch, das Berührte, Geräusch – sie bleiben alle draußen.

Während der Meditation erscheinen ganz zu Anfang alle Sinnesgegenstände vor einem; in einer tiefen Meditation erscheinen sie nicht mehr, sie bleiben draußen. Was habe ich früher bei der Meditation nicht alles geschaut! Ich habe klar gesehen: Vor mir war ein Haufen Geld, ein Schal, ein Teller mit Süßigkeiten, zwei Mädchen mit Nasenringen. Ich habe meinen Geist dann gefragt: «Geist, was willst du haben? Willst du etwas zu deinem Genuß *(bhoga⃒)* haben?» Der Geist sagte: «Nein, ich will gar nichts. Ich will die Lotosfüße Gottes, sonst nichts.»

Jeder erkennt einen Avatāra gemäß seines Verständnisses

Srī Rāmakrishna: Können alle dieses ungeteilte Sat-Chit-Ānanda begreifen? Rāmachandra konnten nur zwölf Rishis erkennen. Nicht alle können [einen Avatāra] begreifen. Einige begreifen einen Avatāra als einen gewöhnlichen Menschen, einige als einen Sādhu, nur zwei, drei als einen Avatāra.

Jeder nennt seinen Preis für eine Sache gemäß seines Kapitals. Ein Bābu sagte seinem Diener: «Bring diesen Diamanten zum Bāsār. Sag mir, wer welchen Kaufpreis nennt. Bring ihn zuerst zum Auberginen-Händler.» Der Diener ging zuerst zum Auberginen-Händler. Der drehte und wendete ihn in seiner Hand und sagte: «Bruder, neun *sera⃒* Auberginen kann ich dafür geben.» Der Diener sagte: «Bruder, biete ein wenig mehr, gib wenigstens zehn.» Der sagte: «Ich habe mehr geboten als den Marktpreis. Wenn dir das genügt, dann gib her.» Der Diener nahm darauf lachend den Diamanten zurück und sagte zum Bābu: «Der Auberginen-Händler will nicht eine mehr als neun *serḍ* Auberginen geben. Er hat gesagt: ‹Ich habe mehr geboten als den Marktpreis!›»

Der Bābu sagte lächelnd: «Gut, jetzt bring ihn zum Tuchhändler. Der da handelt nur mit Auberginen, was weiß der schon! Der Tuchhändler hat etwas mehr Kapital, mal sehen, was der sagt.» Der Diener sagte zum Tuchhändler: «*O-hee!* Nimmst du das? Was für einen Preis kannst du geben?» Der Tuchhändler sagte: «Gewiß, das Ding ist gut, davon kann man ein schönes Schmuckstück machen. Nun, Bruder, neunhundert Rupien kann ich dir geben.» Der Diener sagte: «Bruder, biete ein wenig mehr, dann geb ich ihn dir. Gib wenigstens tausend Rupien.» Der Tuchhändler sagte: «Bruder, hör auf zu reden, ich habe mehr geboten als den Marktpreis. Ich kann keine Rupie mehr als neunhundert Rupien ausgeben.» Der Diener nahm ihn lachend zu seinem Meister zurück und sagte: «Der Tuchhändler hat gesagt, daß er keine Rupie mehr als neunhundert Rupien geben kann. Er hat auch gesagt: ‹Ich habe mehr geboten als den Marktpreis.›» Dann sagte sein Meister lachend: «Jetzt geh mal zum Juwelier. Mal sehen, was der sagt.» Der Diener ging zum Juwelier. Der Juwelier blickte kurz darauf und sagte sofort: «Ich gebe dir hunderttausend Rupien.»

Gott ist wie ein Junge

EIN BHAKTA: Auf welche Weise erwirbt man Gnade?

SRĪ RĀMAKRISHNA: Gott hat den Charakter eines kleinen Jungen. Er ist wie ein Junge, der da sitzt und Edelsteine in den Bund seines Lendentuches geknotet hat. Wie viele Menschen kommen auf der Straße vorbei! Viele wollen Edelsteine von ihm haben. Doch er hält seine Hand auf den Bund des Lendentuches, dreht den Kopf weg und sagt: «Nein, ich geb euch nichts.» Ein andermal geht jemand vorbei, ohne um was zu bitten; hinter dem rennt er her und drängt sie ihm auf.

Die List des Hatha-Yogī

SRĪ RĀMAKRISHNA: Ein anderer Schüler sagte seinem Guru: «Meine Frau sorgt sehr treu für mich, darum kann ich das Familienleben nicht aufgeben.» Der Schüler übte sich in Hatha-Yoga. Der Guru lehrte ihn eine List[126]. Eines Tages gab es in seinem Haus ein großes Geschrei. Die Nachbarn kamen und sahen, wie der Hatha-Yogī im Zimmer mit verrenkten Gliedern, erstarrt, in Yoga-Haltung saß. Alle nahmen an, daß ihn der Lebensatem verlassen hatte. Seine Frau stürzte weinend zu Boden: «*O-go*, was ist mit uns geschehen! *O-go*, was soll nun aus uns werden? *O-go*, Schwester. Daß das passiert, wie konnt' ich das ahnen!» Mittlerweile brachten die Verwandten und Freunde ein Bettgestell. Sie wollten ihn aus dem Zimmer tragen.

Nun entstand eine Schwierigkeit. Mit seinen starren, verrenkten Gliedern kam er nicht durch die Tür. Da rannte ein Nachbar herbei, nahm ein Hackmesser und begann, den Türrahmen zu zerschneiden. Die Frau weinte unbändig. Als sie die Hackgeräusche hörte, eilte sie herbei. Weinend fragte sie: «*O-go*, was ist los?» Sie sagten: «Er kommt nicht raus, darum zerschneiden wir den Türrahmen.» Darauf sagte die Frau: «*O-go*, tu das nicht. Ich bin eine Witwe geworden. Ich hab niemanden mehr, der für mich sorgt. Ein paar kleine Kinder muß ich aufziehen! Wenn diese Tür weg ist, werd ich doch keine mehr kriegen. *O-go*, was ihm

126 Um die Liebe seiner Ehefrau auf die Probe zu stellen.

passieren mußte, ist ja passiert. Hau seine Hände und Füße ab!» In dem Moment stand der Hatha-Yogī auf. Die Wirkung seiner Arznei war verbraucht. Stehend sagte er: «Was! Du Schuft, sie sollen meine Hände und Füße abhauen?!» Darauf verließ er das Haus und ging mit seinem Guru davon. (Alle lachen.)
Viele heucheln ihre Trauer. Wenn sie wissen, daß sie weinen sollten, nehmen sie zuerst ihren Nasenring und allen anderen Schmuck ab, legen ihn in die Truhe und schließen sie ab. Danach stürzen sie zu Boden und weinen: *«O-go*, Schwester, was ist mir geschehen!»[127]

Erfahre Gott, dann genieße das Spiel der Welt!

SRĪ RĀMAKRISHNA: In Gott gibt es beides: Wissen *(bidyā)* und Unwissen *(abidyā)*. Diese Māyā des Wissens führt einen hin zu Gott; die Māyā des Unwissens schafft einen immer größeren Abstand zwischen Gott und Menschen. Das Spiel des Wissens ist Jñāna, Bhakti, Barmherzigkeit, Entsagung. Wer zu ihnen Zuflucht nimmt, kommt Gott nahe. Noch eine Stufe höher, und man erreicht Gott, Brahma-Jñāna. In diesem Zustand hat man das deutliche Bewußtsein, sieht man genau: Er ist alles geworden! Es gibt nichts, was aufgegeben oder angenommen wird. Man ist unfähig, über jemanden Zorn zu empfinden.
Ich fuhr einmal durch die Stadt; auf einer Veranda sah ich zwei Prostituierte stehen. Ich sah in ihnen die Muttergottheit selbst; sogleich grüßte ich sie verehrungsvoll.
Als ich das erste Mal in diesem Zustand war, konnte ich für Mā Kālī keinen Gottesdienst mehr feiern und

[127] Die karikierende Darstellung der geheuchelten Trauer geht in der Übersetzung fast ganz verloren.

ihr keine Reismahlzeit *(bhoga)* anbieten.[128] Haladhārī und Hriday sagten: «Der Kassierer [des Tempels] hat gesagt: ‹Wenn der Brahmane[129] der Gottheit keine Reismahlzeit opfert, warum ist er dann überhaupt hier?›» Als ich diese gemeinen Worte hörte, lachte ich nur, ich war kein bißchen ärgerlich.

Erreiche Brahma-Jñāna, dann schweife umher und koste diese Līlā aus! Ein Sādhu kam in eine Stadt und ging umher, um die Sehenswürdigkeiten anzuschauen. Da traf er einen Sādhu, den er kannte. Der sagte: «Du läufst herum und vergnügst dich, wo sind deine Reisebündel? Die sind dir doch nicht gestohlen worden?» Der erste Sādhu sagte: «Nein, Ehrwürdiger, zuerst habe ich eine Herberge besorgt, Sack und Pack ordentlich abgestellt und untergebracht, die Tür verschlossen, danach laufe ich herum und schaue mir die Sehenswürdigkeiten der Stadt an.» (Alle lachen.)

Von der Liebe zur Wahrhaftigkeit

Dieses Gespräch, gehalten im Juni 1885, signalisiert den Beginn von Rāmakrishnas Todeskrankheit. Die Wunde im Hals entwickelt sich bald zum Krebs.

SRĪ RĀMAKRISHNA: Es ist sehr heiß geworden. Iß ein paar Eisstücke. Mir ist bei der Hitze auch unwohl gewesen. In der Hitze habe ich eine Menge Speiseeis, Eisstücke und dergleichen gegessen. Deshalb habe ich im Hals eine Beule bekommen. Der Schleim riecht so häßlich, das habe ich noch nie erlebt.

Der Mutter habe ich gesagt: «Mā, mach mich gesund. Ich esse auch kein Speiseeis mehr.» Dann habe ich

128 Beim rituellen Gottesdienst *(pūjā)* opfert der Brahmanen-Priester gekochten Reis vor dem Gottesbild.

129 Gemeint ist Rāmakrishna.

noch gesagt: «Eisstücke will ich auch keine mehr essen.»
Habe ich Mā einmal versprochen, daß ich etwas nicht esse, esse ich das nicht mehr. Doch manchmal vertue ich mich plötzlich. Ich habe gesagt: «Sonntags eß ich keinen Fisch.» Nun hab ich versehentlich einmal Fisch gegessen.
Wenn ich dran denke, tue ich das niemals. Neulich sagte ich jemandem, er solle mit dem Krug zum Tamariskenbaum kommen. Der war selbst seine Notdurft verrichten gegangen. Darum brachte ein anderer den Krug. Als ich meine Notdurft verrichtet hatte und zurückkehrte, sah ich einen anderen mit dem Krug warten. Das Wasser aus diesem Krug konnte ich nicht gebrauchen. Was tun? Ich stand da mit Lehm[130] [in der Hand] und wartete solange, bis der erste kam und mir Wasser gab.

Die Parabel vom krausen Haar

Srī Rāmakrishna: Wegen unserer Ichsucht bekommen wir die Schau Gottes nicht. Auf der Türschwelle zum Hause Gottes liegt der Baumstamm der Ichsucht. Ohne über diesen Baumstamm zu springen, kann keiner sein Haus betreten.
Es war einmal ein Mensch, der Geister in seiner Gewalt hatte. Kaum hatte er diese Macht erworben, rief er einen Geist, der auch sofort erschien. Der sagte: «Was soll ich tun, sprich! Sobald du mir keine Arbeit mehr geben kannst, brech ich dir das Genick.» Er ließ ihn alle Arbeiten, die zu tun waren, eine nach der anderen ausführen. Danach hatte er keine Arbeit mehr. Der Geist sagte: «Soll ich dir jetzt das Genick brechen?» Der andere sagte: «Warte eine Weile, ich kom-

[130] Statt Seife; um sich die Hände zu säubern.

me sofort zurück.» Und er lief zu seinem Guru und sagte: «Ich bin in schrecklicher Gefahr. Das-und-das ist mir passiert. Was tu ich jetzt?» Darauf sagte der Guru: «Tu folgendes: Sag dem Geist, er soll dieses krause Haarbüschel gerade machen.» Der Geist war Tag und Nacht damit beschäftigt. Wird ein Haar je gerade? Es blieb kraus wie zuvor. Genauso ist es mit der Ichsucht; geht sie einmal weg, kehrt sie sofort zurück. Wer der Ichsucht nicht entsagt, bekommt die Gnade Gottes nicht.

Gott hilft dem Bhakta, der Entsagung übt

Srī Rāmakrishna: Wenn wir der Ichsucht nicht entsagen, übernimmt Gott nicht die Verantwortung für uns. In Vaikuntha saßen Lakshmī und Nārāyana. Plötzlich stand Nārāyana auf. Lakshmī umklammerte gerade verehrend seine Füße. Sie sagte: «Herr, wohin gehst du?» Nārāyana sagte: «Einer meiner Bhaktas ist in großer Gefahr; darum gehe ich, um ihn zu retten.» Dann ging Nārāyana hinaus. Doch im selben Augenblick kehrte er wieder zurück. Lakshmī fragte: «Herr, so rasch wieder zurück?» Nārāyana erzählte lächelnd: «Der Bhakta war, ganz von Sinnen vor Gottesliebe, seines Wegs gegangen. Ein paar Wäscher hatten Wäsche zum Trocknen ausgebreitet; der Bhakta ist daraufgetreten. Als die Wäscher das sahen, haben sie nach Stöcken gegriffen und sind auf ihn losgegangen, um ihn zu verprügeln. Darum bin ich hingegangen, um ihn zu retten.» Lakshmī fragte noch einmal: «Und warum seid Ihr zurückgekehrt?» Nārāyana sagte lachend: «Ich habe gesehen, wie der Bhakta selbst nach einem Ziegelstein gegriffen hat, um ihn auf die Wäscher zu werfen.» (Alle lachen.) «Darum bin ich nicht mehr hingegangen.»

Die Parabel vom Vogel auf dem Mast

Das Meer ist in seiner Unendlichkeit und Glätte (Undifferenziertheit) ein Symbol für Gott, während in der folgenden Geschichte die Ufer Symbol für die «Welt» sind, an der sich der Vogel erfreuen möchte. Erst als er die Aussichtslosigkeit seiner Mühen erkennt, verläßt ihn der Drang nach «Welt», und er bleibt im Meer, zur Ruhe gekommen, sitzen.

Srī Rāmakrishna: Solange der Wunsch bleibt, sich am Familienleben zu erfreuen, kann man der Arbeit *(karma)* nicht entsagen. Bleibt die Hoffnung auf diese Freude *(bhoga)*, bleibt auch die Arbeit.

Ein Vogel saß geistesabwesend auf dem Mast eines Schiffes. Das Schiff trieb auf dem Ganges. Allmählich hatte es das Meer erreicht. Dann kam der Vogel zu sich selbst. Er merkte, daß es rundum kein Ufer gab. Da flog er nordwärts, um an Land zurückzukehren. Nachdem er sehr weit geflogen war, wurde er erschöpft – trotzdem sah er kein Ufer. Was sollte er da tun? Er kehrte zurück und setzte sich wieder auf den Mast.

Nach geraumer Zeit flog der Vogel wieder weg, jetzt ostwärts. In dieser Richtung konnte er [auch] nichts entdecken, allseits bloß uferloses Wasser! Dann kehrte er völlig erschöpft zum Schiff zurück und setzte sich auf den Mast. Nachdem er lange ausgeruht hatte, flog er einmal südwärts. Auf gleiche Weise flog er auch westwärts. Als er sah, daß nirgends ein Ufer war, setzte er sich auf den Mast und flog nicht mehr auf. Ohne sich weiterhin abzumühen, blieb er sitzen. Da war sein Geist *(mana)* nicht länger geschäftig oder friedlos. Er war unbesorgt, er machte keinen Versuch mehr.

Kapitän: *Ā-hā!* Was für ein Beispiel!

Srī Rāmakrishna: Nachdem die Weltmenschen überall herumgelaufen sind, um ihr Glück zu finden, und es nicht bekommen und schließlich müde werden, nachdem sie sich in Sinnenfreude und Besitzgier verstrickt haben und nur Schmerz ernten, *dann* kommt Gleichmut und Entsagung. Viele können [der Welt], ohne sich [an ihr] erfreut zu haben, nicht entsagen. Es gibt Einsiedler *(kuṭicakḍ)* und Bettelmönche *(bahudakḍ)*[131]. Auch unter den geistig Suchenden gibt es solche, die nicht ruhig sitzen bleiben. Sie trinken das Wasser *(udakḍ)* vieler Wallfahrtsorte. Wenn sie kreuz und quer schweifend ihre Unruhe verloren haben, dann richten sie an einem Ort eine Hütte *(kuṭi, kuṭir)* auf und lassen sich nieder. Und sie denken unbesorgt und ohne sich zu plagen an Gott.

«Alle wollen ein Guru sein!»

Srī Rāmakrishna: Es ist nicht gut, ein «Berufs-Guru» zu sein. Wenn man nicht Gottes Auftrag erhält, kann man kein Lehrer werden. Wer selbst sagt: «Ich bin ein Guru», ist von niederer Gesinnung. Hast du keine Waage gesehen? Die leichte Schale steigt hoch. Wer [also] selbst hoch ist, der ist leicht.[132] Alle wollen ein Guru sein! Schüler gibt's keine mehr.

Rāmakrishna betrachtet religiöse Bilder

Rāmakrishna war zu Besuch bei Nanda Bose in Bāgbāsār und betrachtete die Bilder von Göttern und Göttinnen, mythologischen Helden und Heiligen in seinem Haus. Bis heute ist es in Hindu-Haushalten üblich, eine «heilige Ecke» oder einen kleinen Betraum einzurichten, worin jene Bilder aufgehängt werden. Der

131 Vgl. Fußnote 88.

132 «Höhe» bedeutet nicht unbedingt (spirituelle) Größe, sie kann auch durch Leichtigkeit, d.h. Mangel an Substanz, entstehen.

Widerwille gegen «englische Bilder», das heißt gegen Gemälde als Kunstwerke, die um ihrer Schönheit und allgemeinen Bedeutung willen betrachtet werden, ist bis heute in traditionellen Familien spürbar.

Srī Rāmakrishna stand nun auf, um die Bilder zu betrachten. M. und noch einige Bhaktas waren bei ihm. Der Bruder des Hausherrn, Pasupati, blieb auch bei ihm und zeigte die Bilder.

Srī Rāmakrishna schaute zuerst ein Bild vom vierarmigen Vishnu an. Dadurch wurde er von einer ekstatischen Stimmung ergriffen. Er hatte gestanden, jetzt setzte er sich hin. Eine Weile blieb er in dieser ekstatischen Stimmung versunken.

Das zweite Bild zeigte, wie sich Srī Rāmachandra liebevoll seinen Bhaktas zuwandte. Srī Rāma legte seine Hand segnend auf Hanumāns Kopf. Hanumāns Blick war auf Rāmas Lotosfüße gerichtet. Srī Rāmakrishna blickte lange auf das Bild. In ekstatischer Stimmung sagte er: *«Ā-hā! Ā-hā!»*

Das dritte Bild zeigte den Flöte spielenden Krishna, wie er unter dem Kadamba-Baum stand. Das vierte zeigte den Avatāra Vāmana. Mit einem Schirm über dem Kopf ging er gerade zu Balis Feueropfer. Srī Rāmakrishna sagte: «Vāmana!» und blickte tief gesammelt [auf ihn]. Dann schaute Srī Rāmakrishna auf ein Bild von Nrisingha und schließlich auf ein Bild mit der Weide [Krishnas]. Darauf ließ Srī Krishna mit seinen Hirten die Kälber weiden; es war in Brindāban und am Ufer der Yamunā. M. sagte beeindruckt. «Wunderbare Bilder.»

Als er das siebte Bild sah, sagte Sri Rāmakrishna: «Dhūmāvatī.» Das achte war Shodasī, das neunte Bhuvaneswarī, das zehnte Tārā, das elfte Kālī. Nachdem er alle diese Bilder gesehen hatte, sagte Srī Rāmakrishna: «Das alles sind die grausamen Manifestationen [Gottes]. Solche Bilder soll man nicht im Haus aufstellen. Wenn man diese Bilder im Haus aufstellt, muß man vor ihnen Gottesdienst feiern. Doch Euer Glück ist ungewöhnlich groß, [darum] habt Ihr sie hier aufgestellt.»[133]

Als er [das Bild von] Annapūrnā anschaute, sagte Srī Rāmakrishna in ekstatischer Stimmung: *«Bā! Bā!»* Danach [ein Bild von] Rādhā als König [verkleidet]. Im Nikunja-Wald saß sie, umgeben von Freundinnen, auf einem Thron. Srī Krishna saß am Eingang des Hains in der Uniform eines Wächters. Dann ein Bild von Dol. Srī Rāmakrishna blickte lange auf das nächste Bild. In einer Glasvitrine war ein Bild von Vīnāpāni[134]. Die Göttin spielte verzückt einige Melodien auf der Vīnā.

Sie hatten die Bilder zu Ende gesehen. Srī Rāmakrishna gesellte sich wieder zum Hausherrn. «Heute habe ich mich sehr gefreut. *Bā!* Ihr seid ein wirklicher Hindu! Anstatt die englischen Bilder aufzuhängen, habt Ihr diese Bilder aufgehängt – wirklich erstaunlich.»

Besuch bei der Brahmanin

Srī Rāmakrishna besuchte in Bāgbāsār das Haus einer Brahmanin, die tief bekümmert war. Es war ein altes Ziegelsteinhaus. Wenn man ins Haus trat, war der Kuhstall auf der linken Seite. Auf dem Dach waren Plätze zum Sitzen bereitgestellt worden. Auf dem Dach waren [viele] Leute, einige standen, andere saßen. Alle warteten gespannt darauf, wann sie Srī Rāmakrishna sehen würden.

133 Bilder von Kālī, Durgā usw. müssen täglich rituell durch Pūjās verehrt werden, sonst bringen sie nicht, wie erwartet, Glück und Zufriedenheit ins Haus, sondern wirken zerstörerisch. Andere Bilder, wie die von Krishna und Rāma, brauchen nicht täglich verehrt zu werden. – Das Glück ist dieser Familie so wohlgesinnt, daß nichts es zerstören kann.

134 Saraswatī, Göttin der Künste und der Gelehrsamkeit. Sie wird auf einer *vīṇā* spielend dargestellt.

Die Brahmanin hatte eine Schwester, beide waren Witwen. Im Haus wohnten [auch] ihre Brüder und deren Familien. Die einzige Tochter der Brahmanin war gestorben, darum war sie tief bekümmert. Da Srī Rāmakrishna heute ins Haus kommen sollte, hatte sie den ganzen Tag Vorbereitungen getroffen. Während Srī Rāmakrishna bei Nanda Bose war, lief sie dauernd aus der Wohnung, [um zu sehen,] wann er kommt. Srī Rāmakrishna hatte ihr gesagt, er werde zuerst Nanda Bose besuchen und dann zu ihr kommen. Als es spät wurde, hatte sie geglaubt, er werde wohl nicht mehr kommen.

Srī Rāmakrishna kam mit den Bhaktas und ließ sich auf dem Sitzplatz auf dem Dach nieder. Daneben auf einer Matte saßen M., Nārān, Yogīn Sen, Debendra und Yogīn. Nach einer Weile kamen der junge Naren und noch viele andere Bhaktas herbei. Die Schwester der Brahmanin kam aufs Dach, grüßte Srī Rāmakrishna verehrungsvoll und sagte: «Meine Schwester ist gerade zu Nanda Boses Haus gegangen, um zu erfahren, warum es so spät geworden ist. Sie kommt gleich wieder.»

Als es unten ein Geräusch gab, sagte sie: «Da ist sie gekommen.» Dann ging sie, um nachzusehen. Doch die Brahmanin war noch nicht angekommen.

Srī Rāmakrishna saß mit lächelndem Antlitz im Kreis der Bhaktas.

M. (zu Debendra): Was für ein herrlicher Anblick. Junge und Alte, Männer und Frauen stehen in Reihen und warten. Alle sind so gespannt, ihn zu sehen und sein Wort zu hören!

Debendra (zu Srī Rāmakrishna): M. sagt, dieser Ort sei besser als das Haus von Nanda Bose. Was für Bhakti diese Menschen haben!

Srī Rāmakrishna lachte. Nun sagte die Schwester der Brahmanin: «Da kommt meine Schwester.»

Als die Brahmanin eintrat und Srī Rāmakrishna verehrungsvoll begrüßte, wußte sie überhaupt nicht, was sie sagen und tun sollte. Tief bewegt sagte die Brahmanin: «*O-go*, ich sterbe vor Entzücken! Sagt mir doch, ihr alle, wie soll ich weiterleben! *O-go*, als meine [Tochter] Chandī gekommen war,[135] zusammen mit Wachtposten und Dienern, die auf der Straße Wache standen, da war ich nicht so entzückt. *O-go*, die Trauer um Chandī ist jetzt ganz vorbei! Ich dachte, wenn er nicht kommt, werfe ich alles, was ich vorbereitet habe, in den Ganges und unterhalte mich nicht mehr mit ihm. Wenn er irgendwo hingeht, will ich auch mal hingehen, ihn von Herzen ansehen und gleich wieder weggehen. Ich geh – ich will allen erzählen: Kommt, seht, wie glücklich ich bin! Ich geh – ich erzähle Yogīn, was für ein Glück ich habe!»

Die Brahmanin sagte weiter, von Freude tief bewegt: «*O-go*, ein Arbeiter hatte im Lotteriespiel eine Rupie eingesetzt und hunderttausend Rupien gewonnen; als er hörte, er hat hunderttausend Rupien bekommen, ist er gleich vor Entzücken gestorben – bestimmt, gestorben ist er! *O-go*, genauso ergeht's mir! Gebt mir alle euren Segen, sonst sterb ich, ganz bestimmt.»

Als M. den Seelenschmerz und die ekstatische Stimmung der Brahmanin sah, war er begeistert. Er wollte den Staub ihrer Füße nehmen.[136] Die Brahmanin sagte: «Was ist das?» Sie ihrerseits berührte M.s Füße.

Die Brahmanin war glückselig, daß die Bhaktas gekommen waren; sie sagte: «Seid ihr alle gekommen! Ich habe den jungen Naren mitgebracht; sonst lacht ja keiner, sag ich.» Auf diese Weise sprach die Brahmanin weiter. Ihre Schwester kam und rief geschäftig: «Schwester, komm doch her! Was stehst du hier herum? Komm [vom Dach] herunter! Schaffen wir das hier allein?»[137]

Die Brahmanin war außer sich vor Freude. Sie blickte

[135] Vom Haus ihres Ehemannes, um die Mutter zu besuchen.

[136] Vgl. Fußnote 71.

[137] Die Speisen in der Küche vorzubereiten usw.

[nur] auf Srī Rāmakrishna und die Bhaktas. Sie konnte sich nicht mehr von ihnen lösen.
Nach solchen Gesprächen führte die Brahmanin mit äußerster Hingabe Srī Rāmakrishna in ein anderes Zimmer und bot ihm Süßigkeiten und andere Speisen an. Auch die Bhaktas auf dem Dach bekamen alle etwas Süßes.

Vergleich mit Martha und Maria

Von der Brahmanin und Ganus Mutter zurückgekehrt, ruht sich Rāmakrishna aus. Zwischen M(ani) und Rāmakrishna entspinnt sich ein Gespräch über die zwei Brahmanen-Schwestern, die M. mit Martha und Maria aus den Evangelien vergleicht. Die sich anschließende Gleichstellung von Jesus, Chaitanya und Rāmakrishna gibt Rāmakrishna den Rang eines Avatāra und integriert auch Jesus in die Avatāra-Vorstellung; seit seiner Christus-Vision am Ufer des Ganges war Rāmakrishna von der Göttlichkeit Christi überzeugt. Alle drei Gestalten zeichnen sich durch ekstatische Gottesliebe aus.

Srī Rāmakrishna wollte schlafen. Er war sehr spät vom Haus der Mutter Ganus zurückgekehrt. Es war etwa ein Viertel vor elf.
Srī Rāmakrishna sagte: «Yogīn, reibe mir doch ein wenig die Füße.»
Mani saß in seiner Nähe. Yogīn rieb seine Füße; währenddessen sagte Srī Rāmakrishna: «Ich habe Hunger. Gib mir etwas Grieß[pudding].»
Die Brahmanin war auch mit ihm hierhin gekommen. Ihr jüngerer Bruder spielte gut auf der Trommel. Als Srī Rāmakrishna die Brahmanin wieder sah, sagte er: «Wenn jetzt Narendra kommt oder sonst ein Sänger, wird es genügen, wenn wir ihren Bruder rufen.»[138]

[138] Ein Sänger oder Instrumentalist wird im allgemeinen auf der Trommel *(tablā)* begleitet.

Srī Rāmakrishna aß ein wenig Grieß[pudding]. Allmählich verließen Yogīn und die anderen Bhaktas das Zimmer. Mani rieb Srī Rāmakrishnas Füße; sie unterhielten sich.

SRĪ RĀMAKRISHNA: *Āhā!* Wie verzückt sie[139] waren!

MANI: Erstaunlich, als Jesus Christus lebte, war es ganz genauso. Da gab es auch zwei fromme Frauen, die Schwestern Martha und Maria.

SRĪ RĀMAKRISHNA (wißbegierig): Erzähle mir doch die Geschichte.

MANI: Jesus Christus hat, so wie Ihr, mit seinen Bhaktas die Frauen besucht. Eine Schwester geriet bei seinem Anblick in eine selige Verzückung. Ein Lied über Gaur beschreibt das auf diese Weise:

Versunken sind meine Augen,
sie kamen nicht zurück.
Im Meer von Gaurs Schönheit
vergaß mein Geist zu schwimmen
und tauchte in die Tiefe hinab.

Die andere Schwester sorgte sich allein um die Bewirtung des Gastes. Sie war sehr beschäftigt und beklagte sich bei Jesus: «Herr, seht nur, wie ungehörig meine Schwester ist! Sie sitzt hier untätig, und ich kümmere mich allein um die Bewirtung.»

Da sagte Jesus: «Deine Schwester ist gesegnet, denn sie hat erreicht, was der Mensch zum Leben nötig hat, nämlich Liebe zu Gott.»

SRĪ RĀMAKRISHNA: Nun, du hast alles bei mir gesehen; wie denkst du darüber?

MANI: Ich glaube, diese drei sind eins: Jesus Christus, Chaitanya und Ihr seid eine Person.

SRĪ RĀMAKRISHNA: Eins, eins! Ja, eins. Siehst du nicht, Gott wohnt darin auf diese Weise.

139 Die Brahmanin und ihre Verwandten.

Als er das sagte, zeigte er mit seinem Finger auf den eigenen Körper, als wolle er sagen, Gott, der seinen Körper angenommen hat, sei bereits auf der Erde erschienen.

MANI: Ihr habt uns damals genau erklärt, wie Gott auf der Erde erscheinen kann.

SRĪ RĀMAKRISHNA: Was habe ich gesagt?

MANI: «Denke dir ein Feld, das sich in alle Richtungen bis zum Horizont ausstreckt. Weit und breit nur Feld! Vor mir steht eine Wand, darum kann ich es nicht sehen. In der Wand gibt es nur ein rundes Loch. Durch dieses Loch kann man ein wenig vom unendlichen Feld sehen.»

SRĪ RĀMAKRISHNA: Und dieses Loch, was ist das?

MANI: Dieses Loch seid Ihr. Wer Euch anschaut, kann alles sehen; dieses Feld, das sich in alle Richtungen bis zum Horizont erstreckt, kann man sehen.

Srī Rāmakrishna war sehr zufrieden; er streichelte Mani und sagte: «Du hast das verstanden. Sehr gut.»

MANI: Ist es denn nicht schwierig? Wie die Fülle von Brahman in einem so kleinen Körper wohnt, das kann man nicht verstehen.

SRĪ RĀMAKRISHNA: «Keiner hat Gott erkannt. Im Kleid eines Narren, im Kleid eines Bettlers geht Er von Tür zu Tür.»

MANI: Damals habt Ihr auch über Jesus gesprochen.

SRĪ RĀMAKRISHNA: Was denn, was?

MANI: In Jadu Malliks Garten habt Ihr Jesu Bild gesehen und seid in Samādhi gefallen. Ihr habt gesehen, wie die Gestalt Jesu aus dem Bild heraustrat und in Euch aufgegangen ist.

Der Seelen-Vogel fliegt glückselig im Bewußtseins-Himmel

Meer und Himmel sind Symbole für Brahman, das ungeteilte, unpersönliche und eigenschaftslose Göttlich-Absolute. Der Fisch im Meer und der Vogel im Himmelsraum sind Symbole für die menschliche Seele, die glückstrunken die Weite und Freiheit Brahmans auskostet. Der Krug (im Wasser) bezeichnet das menschliche Ich-Bewußtsein. Wasser (Gott) umgibt ihn – dasselbe Wasser. Doch wegen des Krugs erscheint es zweigeteilt in Außen und Innen.

Śrī Rāmakrishna: Nyāṁgtā[140] sprach oft darüber, wie ein Jñānī meditiert: Wasser überall – unten, oben, voll. Die Lebewesen schwimmen wie Fische glückselig in diesem Wasser. In einer echten Meditation wirst du das bestimmt sehen.

Endlos das Meer, unbegrenzt das Wasser. Mitten drin stelle dir einen Krug vor. Außerhalb von ihm und in ihm: Wasser. Der Jñānī sieht: Außerhalb von ihm und in ihm ist derselbe *paramātmā*. Doch was ist dieser Krug? Das Wasser erscheint wegen des Krugs zweigeteilt, das Bewußtsein von «Innen» und «Außen» entsteht. Wenn der Krug des «Ich» bleibt, entsteht ein solches Bewußtsein. Wenn dieses «Ich» verschwindet, dann bleibt, was *ist* – kein Mund kann das ausdrücken. Weißt du, wie die Meditation eines Jñānī außerdem ist? Endlos Himmel *(ākāśa)*. Darin fliegt glückselig ein Vogel, die Flügel ausgebreitet. Das sind der Bewußtseins-Himmel und der Seelen-Vogel. Der Vogel ist nicht im Käfig, er fliegt im Bewußtseins-Himmel, in einer Fülle des Glücks!

140 «Der Nackte»; gemeint ist Totā Purī, einer der Gurus von Rāmakrishna.

Narendras spiritueller Kampf

Im Dezember 1885 wurde Rāmakrishna, der zu dieser Zeit bereits schwer erkrankt war und wegen seiner Wunde im Hals nur mit Mühe sprechen konnte, nach Cossipur, einem Vorort von Kalkutta, gebracht. Viele seiner jungen Schüler wohnten mit ihm zusammen in dem geräumigen zweistöckigen Gartenhaus. Narendranāth Datta, der spätere Swāmī Vivekānanda, war Jurastudent und bereitete sich auf die Anwaltsprüfung vor; außerdem verdiente er als Leiter einer Schule den Lebensunterhalt für sich und seine Familie. Nach dem Tod seines Vaters war nämlich die Verantwortung für die Familie in seiner Hand. Später würde er sein Studium und seine Anstellung aufgeben, um Mönch zu werden.

Narendra bittet seinen Guru um spirituelle Erfahrungen. Seinen gleichaltrigen Mitschülern habe Rāmakrishna spirituelle Erfahrungen – Ekstase, tiefe meditative Zustände, Visionen – geschenkt, er *sei aber bisher leer ausgegangen. Narendra ist in einem spirituellen Gärungsprozeß. Einerseits kann er sich noch nicht von seiner Familie lösen, andererseits macht er bereits spirituelle Erfahrungen, die ihn verwirren und faszinieren, und er hofft auf noch prägendere Erlebnisse. Rāmakrishna zögert, sie ihm zu geben, weil seine Familie noch nicht versorgt ist. Rāmakrishna weiß nämlich, daß Narendra, wenn er einmal tiefe spirituelle Erfahrungen gemacht hat, seine Gedanken nicht mehr auf die Belange seiner Familie wird sammeln können.*

Später würde Narendra die advaitische Erfahrung machen; und kurz vor seines Meisters Tod im August 1886 würde Rāmakrishna ihm in einem inspirierten Augenblick seine gesamte spirituelle Kraft übertragen, damit Narendra andere Menschen belehren und anführen kann. «O Naren, ich habe dir gerade alles gegeben, was ich habe – und ich bin arm wie ein Bettler!» sagte Rāmakrishna weinend.

Narendra trat ein und setzte sich. Srī Rāmakrishna blickte ihn manchmal an und lächelte ihm leicht zu. Es schien, als ob seine Liebe überfließen würde. Er bedeutete Mani

mit einem Zeichen: Er hat geweint. Srī Rāmakrishna blieb eine Weile still. Dann bedeutete er Mani wieder mit einem Zeichen: Er hat auf dem ganzen Weg von Zuhause bis hierhin geweint.
Alle schwiegen. Dann sprach Narendra.

NARENDRA: Heute werde ich wohl nach drüben gehen.
SRĪ RĀMAKRISHNA: Wohin?
NARENDRA: Nach Dakshineswar, zum Bel-Baum. Dort unterm Baum will ich heute ein Feuer anzünden.[141]
SRĪ RĀMAKRISHNA: Nein, die Leitung des Pulvermagazins erlaubt das nicht. Der Pañchabatī ist ein guter Ort, viele Sādhus haben da Meditation und Japa geübt. Aber furchtbar kalt und dunkel ist es dort.

Alle schwiegen. Srī Rāmakrishna fing wieder an zu sprechen.

SRĪ RĀMAKRISHNA (zu Narendra, lächelnd): Wirst du nicht [mehr] studieren?
NARENDRA (auf Srī Rāmakrishna und Mani blickend): Ich brauche dringend eine Arznei, durch die ich alles vergesse, was ich bisher gelernt habe.

Der ältere Gopāl saß im Zimmer. Er sagte: «Ich gehe auch mit ihm.» Kālīpada Ghosh hatte für Srī Rāmakrishna Weintrauben mitgebracht. Das Kästchen mit Weintrauben lag neben Srī Rāmakrishna. Er verteilte Weintrauben an die Bhaktas. Zuerst gab er Narendra welche, dann verstreute er den Rest. Die Bhaktas hoben auf, was sie bekommen konnten.

141 Sādhus entzünden ein Feuer, wenn sie die ganze Nacht betend und meditierend wachen wollen. Das Feuer symbolisiert die Askese, hält aber auch die Insekten ab. In der Nähe des Kālī-Tempels von Dakshineswar gab es eine Pulverfabrik; darum war ein offenes Feuer verboten.

Die Abenddämmerung begann. Narendra saß unten, rauchte und erzählte, einsam bei Mani sitzend, was für eine starke Sehnsucht seine Seele umfing.

NARENDRA (zu Mani): Letzten Samstag habe ich hier meditiert. Plötzlich war's mir in meiner Brust so eigentümlich zumute.

MANI: Das Erwachen der *kuṇḍalinī*.

NARENDRA: Mag sein. Die *iḍā* und die *piṅgalā* habe ich genau gespürt. Ich habe Hāzrā gebeten, die Hand auf meine Brust zu legen und zu prüfen. Gestern war Sonntag. Ich bin hinaufgegangen und habe ihn[142] besucht. Ich habe ihm alles gesagt. Ich habe ihm gesagt: «Alle haben was bekommen, gebt mir auch was. Alle haben was bekommen, soll ich leer ausgehen?»

MANI: Was hat er dir gesagt?

NARENDRA: Er hat gesagt: «Regle erst alles zu Hause, dann komm! Alles wird in Erfüllung gehen. Was willst du haben?» Ich habe gesagt: «Ich sehne mich danach, drei, vier Tage einfach nur in Samādhi zu bleiben! Dann und wann will ich etwas essen.» Er hat gesagt: «Wie kleinlich du bist! Es gibt einen noch höheren Zustand. Du bist doch ein Sänger: ‹Alles, was ist, das bist du.›»

MANI: Ja, er sagt immer, wer den Samādhi verläßt, der erkennt: Gott ist die Lebewesen, die Welt, alles geworden. Ein *īśvarakoti* kann diesen Zustand erreichen. Er sagt: «Sollte ein gewöhnlicher Mensch den Zustand von Samādhi erreichen, kann er ihn nicht mehr verlassen.»

NARENDRA: Er hat gesagt: «Regle erst alles zu Hause, dann komm. Du kannst einen noch höheren Zustand als Samādhi erreichen.» Heute morgen bin ich nach Hause gegangen. Alle haben angefangen, mich auszuschimpfen und gesagt: «Was streunst du herum? Dein

[142] Rāmakrishna.

Jura-Examen steht vor der Tür, und anstatt zu studieren, streunst du herum!»

MANI: Hat deine Mutter was gesagt?

NARENDRA: Nein, sie hat nur dafür gesorgt, daß ich zu essen bekam. Es gab Rehbraten. Hab's gegessen, aber nicht gern.

MANI: Und dann?

NARENDRA: Ich bin zu jenem Studierzimmer in Großmutters Haus gegangen. Als ich gerade zu studieren anfing, überkam mich eine panische Furcht vor dem Studieren. Als sei Studieren eine fürchterliche Sache. Mein Herz begann wild zu hämmern. Geweint hab ich – wie ich noch nie geweint habe. Hab dann meine Bücher und alles andre stehn und liegen gelassen und bin gerannt! Über die Straße gelaufen! Die Sandalen hab ich irgendwo auf der Straße verloren. Ich ging an einem Strohhaufen vorbei, wurde voll von Stroh, ich rannte weiter auf der Straße nach Cossipur.

Narendra schwieg eine Weile. Dann sprach er wieder.

NARENDRA: Seitdem ich das *Vivekacūḍāmaṇi* gehört habe, bin ich noch tiefer bedrückt. Sankarāchārya sagt, daß man diese drei Dinge nach viel Askese, mit viel Glück bekommt: die Geburt als Mensch, die Sehnsucht nach Befreiung *(mukti)*, die Gesellschaft eines großen Heiligen. Ich dachte: Ich habe doch alle drei erreicht. Als Ergebnis von viel Askese habe ich die Geburt als Mensch bekommen, als Ergebnis von viel Askese fühle ich die Sehnsucht nach Befreiung, und als Ergebnis von viel Askese habe ich die Gesellschaft eines solchen Heiligen bekommen.

MANI: *Ā-hā!*

NARENDRA: Ich mag das Familienleben nicht mehr. Ich mag auch die nicht, die im Familienleben sind. Außer ein, zwei Menschen.

Narendra blieb wieder stumm. In ihm war äußerste Entsagung. Immer noch war seine Seele in Aufruhr. Narendra begann wieder zu sprechen.

NARENDRA (zu Mani): Ihr habt Frieden gefunden, meine Seele ist unbeständig. Ihr seid vom Glück begünstigt.

Mani gab keine Antwort, er blieb stumm. Er dachte: Srī Rāmakrishna hat gesagt, man muß Sehnsucht nach Gott spüren, dann bekommt man die Schau Gottes. Nachdem es Abend geworden war, ging er nach oben ins Zimmer. Er sah, daß Srī Rāmakrishna schlief.
Es war fast neun Uhr nachts. Nirañjan und Shashī waren bei Srī Rāmakrishna. Er war erwacht. Mehrmals sprach er von Narendra.

SRĪ RĀMAKRISHNA: Narendras Zustand ist wirklich wunderbar. Sieh, derselbe Narendra hat vorher nicht an Gott mit Form geglaubt. Siehst du, wie seine Seele in Aufruhr geraten ist? Es heißt, jemand hatte gefragt, wie er Gott erreichen kann. Der Guru antwortete: «Komm mit mir. Ich zeige dir, wie man Gott erreicht.» Darauf nahm er ihn zu einem Teich, tauchte ihn ins Wasser unter und hielt ihn fest. Ein wenig später, nachdem er ihn losgelassen hatte, fragte er den Schüler: «Hast du atmen können?» Er sagte: «Ich bin vor Atemnot fast gestorben.»
Wenn die Seele um Gottes willen in eine solche Not gerät, weißt du, daß die Schau Gottes nicht mehr weit ist. Wenn das Morgenrot erscheint, wenn der Osten rosa wird, dann weiß man, daß [bald] die Sonne aufgeht.

Srī Rāmakrishnas Krankheit war heute schlimmer geworden. Er hatte solche Schmerzen! Trotzdem sprach er alle diese Worte über Narendra, durch Handzeichen.
Narendra ging noch an diesem Abend nach Dakshineswar. Tiefe Dunkelheit, es war die Zeit des Neumonds.

«Weil ihr weinen würdet, darum ertrage ich solche Leiden!»

Die Halskrankheit verschlimmert sich unaufhaltsam. Dieses Gespräch vom März 1886 vergleicht Rāmakrishnas Zustand noch einmal mit Jesu Christi Passion (vgl. S. 115).

Srī Rāmakrishna fühlte sich auch heute sehr krank. Es war vor Mitternacht. Es war die neunte Nacht des zunehmenden Mondes. Der Garten war vom Mondlicht überflutet und schien vor Freude zu leuchten. Srī Rāmakrishna litt große Schmerzen; die klaren Strahlen des Mondes erfreuten die Herzen der Bhaktas nicht. Als würde eine überaus schöne Stadt von einer feindlichen Armee belagert. Kein Laut rundum, nur die Blätter der Bäume raschelten im Frühlingswind. Im großen Raum oben lag Srī Rāmakrishna. Er war schwer krank. Er konnte nicht schlafen. Ein, zwei Bhaktas saßen lautlos bei ihm, falls etwas zu tun war. Mehrmals nickte Srī Rāmakrishna ein, und es war fast, als sei er eingeschlafen. War das Schlaf oder yogische Versenkung? «Komme noch so viel Qual *(duḥkha)*, von woher auch immer, er ist darüber nicht verstört.»[143] War das dieser Yoga-Zustand?
M. saß neben Srī Rāmakrishna. Er machte ein Zeichen, noch näher zu kommen. Selbst Steine würden schmelzen, sähen sie Srī Rāmakrishnas Schmerzen. Ganz leise, mit großer Mühe, sagte er zu M.: «Weil ihr weinen würdet,[144] darum ertrage ich solche Leiden. Wenn ihr *alle* sagt: ‹So große Schmerzen! Soll der Körper vergehen.› Dann wird der Körper vergehen.»
Diese Worte schnitten den Bhaktas ins Herz. Der ihr Vater, ihre Mutter, ihr Erretter war – der hatte das gesagt! Alle waren still. Einige dachten: *Das* ist die Kreuzigung[145]!

143 In Sanskrit.
144 Wenn ich sterbe.
145 In Englisch («Crucifixion»).

Die Aufgabe des Körpers für den Bhakta!
Es war tiefe Nacht. Srī Rāmakrishnas Krankheit schien noch schlimmer zu werden. Was sollte man tun? Jemand wurde nach Kalkutta geschickt. Doktor Upendra und der Kabirāj[146] Nabagopāl kamen zusammen mit Girish mitten in der Nacht an.
Die Bhaktas saßen bei Srī Rāmakrishna. Er fühlte sich ein wenig besser. Er sagte: «Der Körper ist krank, das ist normal. Ich verstehe: Der Körper besteht aus den fünf Elementen.»[147]

«Gekommen – gegangen, erkannt hat sie keiner.»

Rāmakrishna beginnt von seinen Schülern Abschied zu nehmen. Er lehnt es ab, zu Mutter Kālī um die Gesundheit seines Körpers zu bitten; sie soll mit dem Körper so verfahren, wie es ihr gefällt. Noch einmal bekräftigt er seinen spirituellen Status als Avatāra. Das Sprachbild, welches er gebraucht, ist besonders rührend: Er vergleicht sich mit einem Bāul-Sänger, der mit einer Gruppe von anderen Sängern durch die Dörfer zieht, tanzt, ekstatische Lieder singt, Almosen erbettelt, dann weiterwandert und schließlich mit der ganzen Sängergruppe verschwindet – niemand weiß, wohin. Die Bāuls sind religiöse Wandersänger, die, ähnlich wie Bettelmönche, von Dorf zu Dorf gehen und die einfachen Menschen durch ihre Lieder über Gott belehren und inspirieren. In bestimmten Gegenden von West-Bengalen und Bānglādesh sind sie bis heute stark verbreitet. Rāmakrishna gebraucht den Vergleich, einmal um seine ungebunden-heitere, kindlich-sorgenfreie, ekstatisch-spontane Lebensweise (für die die Bāuls bekannt sind) zu charakterisieren, sodann um anzudeuten, daß er und der engere Kreis von Schülern und Verehrern zusammengehören: Sie waren in einem früheren Leben beisam-

146 Doktor der Naturheilkunde des indischen medizinischen Systems.
147 D.h.: Der Körper ist nur Materie; vgl. Fußnote 99.

men, haben jetzt wieder zur selben Zeit einen Körper angenommen und werden auch in einem späteren Leben gemeinsam auf der Welt sein, um sich Gesellschaft zu leisten und sich aneinander zu erfreuen.

RĀKHĀL (liebevoll): Bittet, daß Euer Körper noch bleibt.
SRĪ RĀMAKRISHNA: Das ist Gottes Wille.
NARENDRA: Euer Wille und Gottes Wille sind eins geworden.

Srī Rāmakrishna schwieg, als ob er über etwas nachdenke.

SRĪ RĀMAKRISHNA (zu Narendra, Rākhāl und den anderen Bhaktas): Jetzt noch was zu sagen, was würde das helfen? Ich sehe jetzt, sie[148] sind eins geworden. Aus Furcht vor ihrer Schwägerin sagte Rādhā zu Srī Krishna: «Wohne in meinem Herzen.» Als sie sich wieder nach Srī Krishnas Anblick sehnte – eine solche Sehnsucht [hatte sie], wie ein Kätzchen, das verzweifelt kratzt und zappelt – da kam er aber nicht wieder heraus.[149]
RĀKHĀL (zu den Bhaktas, mit leiser Stimme): Er meint den Avatāra Gaur.

Die Bhaktas saßen lautlos da. Srī Rāmakrishna sah liebevoll auf die Bhaktas, er legte die Hand auf sein Herz. Was wollte er sagen?

SRĪ RĀMAKRISHNA (zu Narendra und den anderen): Hier drin sind zwei. Einer ist Gott.

Die Bhaktas warteten darauf, was er weiterhin sagen würde.

148 Rāmakrishnas Wille und Gottes Wille.

149 Rādhā versuchte, ihre Liebe zu Krishna vor der Schwester ihres Ehemannes geheimzuhalten.

Srī Rāmakrishna: Einer ist Gott – und einer ist sein Bhakta. *Dessen* Arm war gebrochen, *dieser* [Bhakta] ist jetzt krank. Habt ihr verstanden?

Die Bhaktas saßen stumm da.

Srī Rāmakrishna: *Wem* soll ich das sagen, *wer* wird es verstehen?

Ein wenig später sprach Srī Rāmakrishna weiter: «Wenn Gott Mensch wird, ein Avatāra wird, erscheint er zusammen mit seinen Bhaktas. Zusammen mit ihm gehen die Bhaktas wieder fort.»

Rākhāl: Darum dürft Ihr uns nicht verlassen.

Srī Rāmakrishna lächelte ganz schwach. Er sagte: «Eine Gruppe von Bāuls ist plötzlich gekommen. Sie hat getanzt und gesungen und ist plötzlich wieder gegangen. Gekommen – gegangen, erkannt hat sie keiner.» (Srī Rāmakrishna und alle lächeln ein wenig.)
Er schwieg und sprach ein wenig später weiter: «Wer einen Körper annimmt, *muß* leiden. Von Zeit zu Zeit bitte ich darum, daß ich nicht mehr zurückkehren muß.[150] Doch gibt's noch was anderes. Wer immer zum Essen eingeladen wird, mag den einfachen Reis mit Linsensoße zu Hause nicht mehr. Und den Körper annehmen, das geschieht, um den Bhaktas zu helfen.»
Sprach Srī Rāmakrishna von den Geschenken der Bhaktas, den Einladungen der Bhaktas, davon, daß er den Zeitvertreib mit den Bhaktas liebte?
Srī Rāmakrishna sah Narendra liebevoll an.

[150] Idee der Wiedergeburt: daß die Seele keinen neuen Körper annehmen muß.

SRĪ RĀMAKRISHNA (zu Narendra): Ein *caṇḍāla* kam mit einer Last Fleisch auf dem Rücken vorbei. Sankarāchārya begegnete ihm, als er vom Bad im Ganges kam. Plötzlich berührte ihn der Chandāl. Sankara sagte verärgert: «Du hast mich berührt!» Er sagte: «Herr, weder hast du mich berührt, noch habe ich dich berührt! Überlege selbst. Bist du der Körper, bist du Denken und Gefühl *(mana)*, bist du der Verstand *(buddhi)*? Was bist du, überlege. Du bist der reine Ātman, ungebunden. Du bist nicht an die drei Gunas *sattva, rajas, tamas* gebunden.»

Weißt du, was Brahman ist? [Es ist] wie Luft. Guten und schlechen Geruch, alles trägt die Luft, doch die Luft selbst ist ungebunden.

NARENDRA: Ja, gewiß.

SRĪ RĀMAKRISHNA: Jenseits der Gunas, jenseits von Māyā. Jenseits sowohl von der Māyā des Wissens wie auch von der Māyā des Unwissens.[151] Sinnenfreude und Besitzgier sind Unwissen *(abidyā)*. Jñāna, Entsagung, Bhakti, das alles ist die Herrlichkeit des Wissens *(bidyā)*. Sankarāchārya gab diese Māyā des Wissens nicht auf. Die Sorgen, die ihr euch meinetwegen macht, diese Sorgen gehören zur Māyā des Wissens. Wer unbeirrt an der Māyā des Wissens festhält, erlangt Brahma-Jñāna. [Die Māyā des Wissens ist] wie der Absatz am oberen Ende eines Treppenhauses – danach [kommt nur noch] das flache Dach.[152] Ein paar gehen die Treppe hoch und runter, auch nachdem sie das Dach erreicht haben. Auch nachdem sie Jñāna erfah-

[151] Solange die Stufe des vollkommenen transzendenten Wissens (Vijñāna) nicht erreicht ist, bleibt Wissen mit Māyā vermischt. Mit diesem Wissen ist es möglich, unter den Menschen zu leben und sie zu belehren.

[152] In Bengalen sind die Dächer der Stadthäuser flach. Abends, nach der Hitze des Tages, sitzt man dort gern und genießt die Abendbrise. Vom Dach hat man freie Aussicht rundum; darum ist es ein Symbol für Brahma-Jñāna.

ren haben, behalten sie das «Ich» des Wissens, um die Menschen zu belehren; aber auch um die Bhakti auszukosten; um sich an der Gemeinschaft mit den Bhaktas zu erfreuen.

Narendra und die anderen Bhaktas schwiegen. Hatte Srī Rāmakrishna das alles mit Blick auf seine eigene Lage gesagt?[153]

Rāmakrishna hat Gott mit leiblichen Augen gesehen

Rāmakrishna prägt den Bhaktas seine wesentlichen Lehren und Selbstaussagen ein. Er wispert unter Schmerzen; häufig kann er sich nur durch Handzeichen verständlich machen.

Srī Rāmakrishna schwieg. Narendra und die anderen Bhaktas schauten mit *einem* Blick auf ihn. Auf einmal begann er sich wieder, schwach lächelnd, mit Narendra zu unterhalten. Mani fächelte ihm Luft zu.

Srī Rāmakrishna (zu Narendra): Gibt es hier nicht alles? Sogar die einfachen Dāl-Sorten, sogar Tamarinden.

Narendra: Nachdem Ihr alle diese [mystischen] Zustände gekostet habt, bleibt Ihr nun auf einer niederen Ebene [des Bewußtseins].

Mani (zu sich selbst): Nachdem er alle diese Zustände ausgekostet hat, [lebt er nun] als ein Bhakta.

Srī Rāmakrishna: Irgendwer hat mich nach unten gezogen und hält mich fest.

Und Srī Rāmakrishna nahm den kleinen Fächer aus Manis Hand und begann wieder zu sprechen:

[153] Seinen bevorstehenden Tod.

SRĪ RĀMAKRISHNA: Wie ich diesen Fächer sehe, vor mir, unmittelbar, genau so habe ich Gott gesehen! Und ich habe gesehen...

Darauf legte Srī Rāmakrishna die Hand auf sein Herz, machte ein Zeichen und fragte: «Sag mal, was ich gesagt habe!»

NARENDRA: Ich habe verstanden.
SRĪ RĀMAKRISHNA: Sag mal!
NARENDRA: Ich habe nicht richtig gehört.

Srī Rāmakrishna machte noch einmal ein Zeichen: «Ich habe gesehen: Gott und Jener, der in meinem Herzen ist, sind *ein* Wesen.»

NARENDRA: Ja, gewiß. «Ich bin Er.»[154]
SRĪ RĀMAKRISHNA: Doch ein feiner Strich[155] bleibt, das «Bhakta-Ich» bleibt, um [Gott] auszukosten.
NARENDRA (zu Mani): Nachdem ein großer Heiliger Erlösung erlangt hat, bleibt er [unter den Menschen], um den Lebewesen zur Erlösung zu verhelfen; er bleibt mit Ich-Bewußtsein, bleibt mit Wohl und Wehe des Körpers. Es ist wie mit der Arbeit, die ein Kuli verrichten muß. Wir tun Kuli-Arbeit unter Zwang[156]. Ein großer Heiliger tut Kuli-Arbeit aus eigenem Antrieb.

Wieder schwiegen alle.

154 *so'haṁ* (Sanskrit): Brahman («Er») und der Mensch («Ich») werden identifiziert.

155 Auf dem Wasser (= Gott), das das Ich-Bewußtsein von Gott trennt.

156 In Englisch («on compulsion»); d.h.: wir werden vom Ich-Bewußtsein beherrscht.

Viele Frauen besuchen Rāmakrishna am Neujahrstag

Dies ist der letzte Abschnitt aus unserer Auswahl vom dritten Band des Quellenwerks Śrīśrī Rāmakṛṣṇa Kathāmṛta *vor Rāmakrishnas Tod. Er trägt das Datum des 13. April 1886. M. veröffentlicht Gespräche bis zum 23. April, dem Karfreitag des Jahres 1886. Die Notizen, die er von späteren Gesprächen gemacht hat, bleiben unausgeführt und unveröffentlicht. Auch die erste große Lebensbeschreibung, die Swāmī Sāradānanda, einer der Schüler Rāmakrishnas, verfaßt hat, bricht vor dem Tod des Meisters ab. Rāmakrishna starb am frühen Morgen des 16. August 1886 in Cossipur.*

Srī Rāmakrishna saß immer noch bei den Bhaktas. Eine närrische Frau belästigte sie sehr; sie wollte ihn sehen. Die närrische Frau in der ekstatischen Stimmung einer Liebhaberin *(madhurā-bhābā)*[157]. Sie kam oft in den Garten und rannte direkt in Srī Rāmakrishnas Zimmer. Die Bhaktas schlugen sie sogar, doch auch das hielt sie nicht ab.

Shashī: Wenn die närrische Frau nochmal kommt, stoß ich sie zurück und vertreibe sie.

Srī Rāmakrishna (voll Barmherzigkeit): Nein, nein. Laß sie kommen und wieder weggehen.

Rākhāl: Ganz zu Anfang war ich oft neidisch, wenn noch andere zu ihm kamen. Dann hat er mich in seiner Gnade belehrt: Mein Guru ist [auch] der Welt-Gurū. Ist er etwa nur unseretwegen gekommen?

Shashī: Das zwar nicht; aber warum, wenn er krank ist? Und eine derartige Belästigung.

Rākhāl: Alle belästigen ihn. Sind sie alle als reine Menschen zu ihm gekommen? Haben wir ihm keinen

[157] Vgl. die Bhāvas, S. 128–130.

Das Haus in Cossipur, in dem Rāmakrishna
während seiner letzten Krankheit wohnte
und schließlich starb.
Foto: Partha Neogi

Kummer gemacht? Wie haben sich früher Narendra und die anderen benommen? Wieviel sie gestritten haben!

SHASHĪ: Was Narendra gesagt hat, das hat er auch immer getan.

RĀKHĀL: Was hat Dr. Sarkār ihm nicht alles gesagt! Bei Licht betrachtet, niemand ist unschuldig.

SRĪ RĀMAKRISHNA (liebevoll zu Rākhāl): Möchtest du was essen?

RĀKHĀL: Nein, später.

SRĪ RĀMAKRISHNA (machte Mani ein Zeichen): Willst du heute hier essen?

RĀKHĀL (zu Mani): Tut es doch, er bittet Euch [darum].

Srī Rāmakrishna saß nackt wie ein fünfjähriger Junge bei den Bhaktas. In diesem Augenblick kam die närrische Frau über die Treppe hinauf und blieb an der Zimmertür stehen.

MANI (leise zu Shashī): Sag ihr, nach einem Gruß wieder wegzugehen. Es lohnt sich nicht, was zu sagen.

Shashī führte die närrische Frau wieder hinunter.
Heute ist der Beginn des neuen Jahres[158]. Viele Frauen-Bhaktas waren gekommen. Sie begrüßten Srī Rāmakrishna und Srī Srī Mā[159] verehrungsvoll und empfingen ihren Segen. Die Frau von Balarām und die Frau von Manimohan, die Brahmanin von Bāgbāsār und viele andere Frauen-Bhaktas waren auch gekommen. Die eine oder andere hatte ihre Kinder mitgebracht.
Sie kamen nach oben, um Srī Rāmakrishna verehrungsvoll zu begrüßen. Einige legten Blumen und *ābirḍ*[160] zu

[158] Im bengalischen Kalender.
[159] Sārāda, die Ehefrau von Rāmakrishna.
[160] Rot gefärbtes, parfümiertes Puder.

seinen Lotosfüßen nieder. Zwei neun- oder zehnjährige Mädchen der Bhaktas sangen Lieder für Srī Rāmakrishna:

Rast suche ich, wo kann ich rasten?
Woher komm ich, wo treibe ich hin?
Wieder, immer wieder komme ich,
lachend und weinend, zurück.
So grüble ich stets: Wo geh ich hin?
. . .

Srī Rāmakrishna bedeutete mit einem Zeichen, wie schön sie zur Mutter Kālī gesungen hätten. Die Brahmanin hatte das Wesen eines Kindes. Srī Rāmakrishna bat Rākhāl lächelnd mit einem Zeichen: «Bitte sie, einmal zu singen.» Die Brahmanin sang. Die Bhaktas lächelten.

Hari, ich will spielen und scherzen mit dir.
Endlich bist du im Garten allein bei mir.[161]

Die Frauen verließen das Zimmer und gingen nach unten.

Rāmakrishnas Sehnsucht nach den Bhaktas

Die drei folgenden kurzen Abschnitte berichten aus der Zeit unmittelbar nach Rāmakrishnas Tod. Narendra und die anderen Schüler erinnern sich an ihren Guru. Sie wohnten nach Rāmakrishnas Tod zusammen in einem Haus und verbrachten viel Zeit damit, über Rāmakrishna zu sprechen und ihre gemeinsame mönchische Zukunft zu planen. Diese Schar junger Männer wurde später der Nukleus des Rāmakrishna-Ordens.

NARENDRA: Er sagte: «Ich stieg oft aufs Dach und rief aus: ‹*O-ree*, wenn irgendwo ein Bhakta ist, so komm

[161] Im Garten, wo sich, der Mythologie zufolge, Krishna und Rādhā trafen. Versteckt spricht die Sängerin Rāmakrishna selbst an.

doch her! Ich vergehe, wenn ich euch nicht sehe!› Mā hatte gesagt: ‹Die Bhaktas werden alle kommen.› Sieh doch, alles ist eingetroffen.»

Rāmakrishna braucht die Gesellschaft reiner Menschen

NARENDRA: [Srī Rāmakrishna hat mir erzählt:] «Du hast meinetwegen den Körper angenommen. Ich hatte Mā gefragt: ‹Mā, kann ich [in die Welt] gehen? Mit wem soll ich mich dann unterhalten? Mā, wenn ich keinen reinen Bhakta bekomme, der der Sinnenfreude und Besitzgier entsagt hat, wie soll ich auf der Erde leben!›» Er hat [zu mir] gesagt: «Du bist in der Nacht gekommen und hast mich aufgeweckt und hast mir gesagt: ‹Ich bin gekommen.›» Ich weiß aber nichts davon, ich habe in unserem Haus in Kalkutta fest geschlafen.

Rāmakrishna kann Speisen nur aus der Hand reiner Menschen annehmen

NARENDRA: Welche Liebe er zu mir hatte! Doch wenn unreine Gefühle kamen, hat er es sogleich gespürt. Als ich in der Gesellschaft von Annada war, begegnete ich manchmal schlechten Menschen. Wenn ich dann zu ihm kam, nahm er keine Speisen von meinen Händen an. Die Hand hob sich ein wenig und konnte sich nicht höher heben. Als er einmal krank war, hob sie sich bis zum Mund und konnte sich nicht weiter bewegen. Er sagte: «Du bist noch nicht so weit.»

Glossar

Begriffe

abatār (Sanskr. *avatāra*) «Herabkunft» Gottes in die Welt, besonders als Mensch, z.B. als Krishna, Rāma, Buddha. Die traditionelle vishnuitische Lehre unterscheidet zehn Avatāras; Rāmakrishna zählte auch Jesus Christus und andere Religionsstifter innerhalb und außerhalb des Hinduismus dazu.

antaryāmī jener (Gott), der im Innern wohnt; Gott, der die Gedanken und Gefühle der Menschen kennt und beherrscht; der innere Führer der Menschen.

ārati zeremonielles Schwenken heiliger Symbolgegenstände (z.B. Feuer, Blumen, Seeschneckenhorn) vor einem Gottesbild oder einer Gottesstatue als Teil eines rituellen Gottesdienstes.

āśram (Sanskr. *āśrama*) Lebensstufe eines Hindu. Er unterscheidet vier Lebensstufen, die philosophisch zu einer integrierten Lebensweise *(catur-āśrama-dharma)* zusammengefaßt werden: Stufe des Schülers (Religion, Ritus, Lebenspraxis); des Familienvaters (Eheleben, Fortschritt im Berufs- und Gesellschaftsleben, Erziehung der Kinder); des Waldeinsiedlers (Besinnung auf kontemplatives Leben, Ritus; Vermittlung von Religion, Ritus, Lebenspraxis an Schüler); des Bettelmönchs *(sannyāsī)* (völlige Freiheit von Ritus und gesellschaftl. Pflichten).

Ein Āshrama bezeichnet außerdem die Einsiedelei, das «Kloster», in dem Schüler, Waldeinsiedler oder Bettelmönche wohnen.

asur Dämon. Das Heer der Dämonen ist im ständigen Krieg gegen die Götter *(devas)*. Rāvana war ein Dämon; Prahlāda war ein «guter Dämon», der gegen den Widerstand seines Vaters Gott Vishnu verehrte.

ātman Gott, der im Menschen wohnt; die göttliche Seele im Menschen; das Selbst.

jibātman (Sanskr. *jivātman*) die menschliche Seele; das im Menschen eingekörperte Göttliche.

bābā Vater, Papa; ehrfürchtige Anrede gegenüber Mönchen; Kosenamen für Kinder (etwa «mein Lieber»).

bābu Hausherr, Landbesitzer; ein Mann der gebildeten Klasse; im feudalen System ein Mann, der Diener und Arbeiter anstellt. Das Wort «Bābu» steht häufig hinter dem Vornamen eines Mannes im Sinne von «Herr...».

bairāgya (Sanskr. *vairāgya*) Entsagung, Gleichmut gegenüber Weltdingen, Leidenschaftslosigkeit.

bhakti Liebe zu (einem persönlichen) Gott, zum Guru, zu einem verehrten Menschen; gefühlsbetonte, durch Gesang, Tanz, Prozessionen, dramatische Aktualisierungen und künstlerische Elemente unterstützte Gottesverehrung.

bhakti-yog\ȧ (Sanskr. *bhakti-yoga*) der systematische, asketische Weg zur Erlangung von Bhakti.

bhakta jemand, der Bhakti hat, Bhakti-Yoga übt; hier auch: die Schüler von Rāmakrishna.

Brāhmo-Bhakta ein Mitglied des Brāhmo-Samāj.

bhog\ȧ (Sanskr. *bhoga*) weltliche Freude, Auskosten von sinnlichen Genüssen, von «Sinnenfreude und Besitzgier». Gegensatz ist *yog\ȧ*. Auch: die Speisen, die rituell vor einem Gottesbild oder einer Gottesstatue geopfert werden.

bibek\ȧ (Sanskr. *viveka*) Unterscheidung(sgabe), *discretio*; gemeint ist zunächst die Unterscheidung zwischen metaphysisch wirklich, wahr, und metaphysisch unwirklich, unwahr, sodann zwischen gut und böse usw.

bidyā (Sanskr. *vidyā*) metaphysisches Wissen, das zur Befreiung führt.

abidyā (Sanskr. *avidyā*) ist das Gegenteil: metaphysisches Nicht-Wissen, Abwesenheit von Wissen über Gott und Befreiung. Ein Mensch mit Avidyā ist an Māyā gebunden.

brahmacarya Lebensstufe des Schülers (s. Stichwort *āśram\ȧ*); das zölibatäre, keusche Leben (eines Schülers und Mönchs).

brahmacārī Schüler (in der ersten Lebensstufe), ein zölibatär lebender Mann, Mönch.

brahman das Absolute; das absolute, transzendente Göttliche – im Gegensatz zum persönlichen Gott (Kālī, Krishna usw.).

saguṇ\ȧ-brahman (Sanskr. *saguṇa-brahman*) «Brahman mit Eigenschaften», bezeichnet entweder den persönlichen Gott, der eine «Form» (einen Körper) und bestimmte göttliche Eigenschaften *(guṇ\ȧ)* – wie Güte, Gerechtigkeit – besitzt, oder Gott als Kraft *(śakti)*.

nirguṇ\ȧ-brahman (Sanskr. *nirguṇa-brahman*) «Brahman ohne Eigenschaften», bezeichnet dagegen Gott, der «ohne Form», nichtpersönlich, transzendent und absolut ist.

sat-cit-ānanda «Sein-Bewußtsein-Glückseligkeit», bezeichnet Saguna-Brahman in seinen höchsten Eigenschaften: Brahman ist absolutes Sein, unendliches Bewußtsein, vollkommene Glückseligkeit.

brahma-jñāna Brahman-Wissen, -Erfahrung.

Brāhmo-Jñānī Mitglied des Brāhmo-Samāj.

caitanya (göttliches) Bewußtsein.

caṇḍāla̸ (Sanskr. *caṇḍāla*) Kastenloser, «Unberührbarer», Angehöriger der niedrigsten Gesellschaftsschicht.

ḍāl Linsen, die, zu einem Brei gekocht, zu jeder bengalischen Reismahlzeit gehören.

daṇḍī Gemeinschaft von Hindu-Mönchen, die stets einen Stab bei sich tragen.

darśana̸ (Sanskr. *darśana*) Schau Gottes (gleichbedeutend mit «Gott erreichen», mit Samādhi und Erlangen von Jñāna).

dharma kosmisch-religiös-moralische Ordnung; das von Gott eingesetzte, ewige Lebensgesetz; «Religion»; Summe der Pflichten eines Menschen.

ghi Butteröl.

guṇa̸ (Sanskr. *guṇa*) Eigenschaft, Wert, Verhaltensweise; in der Philosophie werden drei Typen unterschieden: *sattva* (friedvoll, ausgeglichen, klar), *rajas* (feurig, rastlos, dynamisch), *tamas* (stumpf, träge). Jeder menschliche Charakter und jede Tätigkeit besteht aus einer individuellen Mischung der drei Typen. Jeder Typ enthält auch Merkmale der beiden anderen Typen. Der Gottsucher soll nach vorwiegend sattvischen Eigenschaften streben.

īśvarakoṭi befreiter Mensch, der einen kleinen Teil *(koṭi)* von Gott *(īśvara)* darstellt. Er erreicht seinen spirituellen Status durch eigene Anstrengung, im Gegensatz zum Avatāra, der als Avatāra das Menschenleben annimmt und darum spirituell über dem Īsvarakoti steht.

japa̸ (Sanskr. *japa*) gemurmelte oder stille Wiederholung eines Gottesnamens als meditative Praxis, häufig mit Hilfe eines «Rosenkranzes» *(mālā)*, der bis zu 108 Perlen zum Abzählen hat.

jñāna̸ (Sanskr. *jñāna*) transzendentes (religiöses) Wissen; Gottesbewußtsein; unmittelbare Gotteserfahrung als Ergebnis von Askese, Meditation und Gnade; gleichbedeutend mit «Schau Gottes» *(darśana)*, Samādhi; Versunkensein im Wesen des eigenschaftslosen Gottes.

jñānạ-yogạ (Sanskr. *jñāna-yoga*) der systematische, asketische Weg zur Erlangung von Jñāna. Die wichtigste Methode des Jñāna-Yoga ist die des *neti neti* («nicht dies, nicht jenes»): die Unterscheidung zwischen dem Seienden, Wirklichen, Wahren, Ewigen und dem Nicht-Seienden, Nicht-Wirklichen, Nicht-Wahren, Vergänglichen, d.h. zwischen «Welt» und Gott und die progressive Eliminierung der «Welt», bis der Aspirant Gott unmittelbar erfährt und Jñāna erlangt. Die weltliche Sphäre ist nur im Vergleich zu Gott nicht-seiend usw.

jñānạ-yogī (Sanskr. *jñāna-yogī*) jemand, der Jñāna-Yoga übt.

jñānī jemand, der Jñāna erlangt hat.

bijñānạ (Sanskr. *vijñāna*) höchstes transzendentes Wissen, höchstes Gottesbewußtsein usw. Wenn Rāmakrishna von Vijñāna spricht, ist Jñāna im Vergleich dazu die Strafe des rationalen Wissens (auf der Ebene der Phänomene und Dualitäten).

ajñāna Nicht-Wissen, Abwesenheit von transzendentem Wissen; ein Mensch mit Ajñāna ist total an Māyā gebunden.

bijñānī (Sanskr. *vijñānī*) jemand, der Vijñāna hat.

karma Arbeit, Tätigkeit(en), weltliches Handeln, Beruf, Pflicht(en); sämtliche Verrichtungen des täglichen Lebens; auch ritueller Gottesdienst, Meditation, religiöse Gesänge usw.; die Summe (guter und schlechter) Taten des gegenwärtigen und aller früheren Leben, die ihre (positiven und negativen) Auswirkungen auf die gegenwärtigen und zukünftigen Handlungsweisen hat; die jedem Menschen (aufgrund seiner Karma-Summe) individuell zubestimmte Lebensaufgabe und sein individuell zubestimmtes Lebensschicksal.

karma-yogạ (Sanskr. *karma-yoga*) der systematische, asketische Weg zu Gott mit Hilfe ritueller Verehrung, Pflichterfüllung, guter Werke usw. Das wichtigste Mittel ist *niṣkāmạ-karma* (Sanskr. *niṣkāma-karma*), selbstloses, «begierdeloses» Handeln. Ein Yogī verrichtet jede Arbeit nach bestem Vermögen, doch ohne das Verlangen nach positiven und ohne Furcht vor negativen Ergebnissen.

karma-yogī jemand, der Karma-Yoga übt.

kuṇḍalinī «Schlangenkraft»; die spirituelle Energie, die latent im Menschen vorhanden ist und, wenn sie durch asketische Übungen erweckt wird, entlang der Wirbelsäule bis zum Gehirn aufsteigt und mystische Zustände und spirituelle Fähigkeiten verursacht. Die beiden Nervenstränge *iḍā* und *piṅgalā* liegen rechts und links neben dem Kanal in der Wirbelsäule, durch den die spirituelle Energie fließt.

līlā Spiel; die Welt, die Schöpfung als Spiel(feld) der Götter; die relative, phänomenale Welt, die von den Göttern in Spontaneität und Freiheit erschaffen und geführt wird.

mahārājā (Mahārāj) «großer König»; Anrede für Mönche und Könige.

mano (Sanskr. *manas*) das innere Organ für verstandes- und gefühlsmäßige Vorgänge; Denken und Fühlen; Verstand und Herz; Geist.

mantra heiliger Spruch, auch Zauberspruch; Silben von besonderer spiritueller Kraft. Der Guru gibt jedem seiner Schüler bei der Einweihung ein Mantra, dessen ständige Wiederholung eine spirituelle Entwicklung bewirkt.

māyā Sphäre der durch die inneren und äußeren Sinnesorgane erfahrbaren Welt; die gesamte Schöpfung; die göttliche Kraft, die diese Schöpfung ständig hervorbringt und erhält und die die Menschen in den Bann dieser (vergänglichen, relativen) Welt zieht; individuell: alle Regungen der Ichsucht. Brahman ist von Māyā getrennt und transzendiert sie.

mahā-māyā «die große Māyā»; die große göttliche Kraft der Täuschung (darüber, was wirklich, wahr, ewig ist und was nicht), die auch als Göttin verehrt wird.

muri Puffreis; in den bengalischen Dörfern sehr beliebt als billiger Imbiß.

Om Lautsymbol von Brahman, welches das Wesen der heiligen Schrift beinhaltet.

paramahaṁsa «höchster Schwan»; Name für Asketen von hoher geistiger Vollkommenheit; Bezeichnung für Rāmakrishna.

prakṛti Urmaterie, Urnatur, Erde, «Welt».

prāṇo (Sanskr. *prāṇa*) Atem; Leben, Lebenskraft, Lebensprinzip.

premo (Sanskr. *prema*) Liebe; höchste Stufe der Liebe zu Gott, die Kulmination von Bhakti.

pūjā allgemeine Bezeichnung für rituelle Gottesdienste im Tempel oder in einer Wohnung; Opferritus vor dem Bild oder der Statue einer Gottheit. Die üblichen Zeiten für eine Pūjā sind der Morgen bei Sonnenaufgang, der Mittag und der Abend nach Sonnenuntergang.

puruṣ(a) (Sanskr. *puruṣa*) «der Mensch», Urmensch. In der Sāṁkhya-Philosophie das unbewegte göttliche Prinzip, welches Prakriti, die Urmaterie, dynamisiert und zur Entfaltung bringt.

rājā König.

sādhanā, sādhan(a) (Sanskr. *sādhanā, sādhana*) Askese, systematische religiöse Bemühung, religiöse Übungen; Gottesverehrung.

sādhu Heiliger, Asket, Mönch.

śakti die göttliche Kraft, Energie, Gnade; die dynamische, in der Welt manifeste Daseinsweise Gottes (im Gegensatz zu dem statischen, transzendenten Brahman); die innere spirituelle Kraft im Kosmos, in den Menschen, Dingen, Worten usw. Der ursprüngliche Schöpfungsimpuls, durch den die Welt in die Manifestation tritt, ist *ādyā-śakti.*

Saktismus die Philosophie, die Sakti zu ihrem Mittelpunkt gemacht hat.

śakta jemand, der durch Anbetung der personifizierten Sakti (Kālī, Durgā usw.) Gottesvereinigung sucht.

samādhi die letzte Stufe des achtgliedrigen Yoga-Weges (des Patañjali) zur spirituellen Vollkommenheit; Vereinigung mit oder Absorption in Gott; meditatives In-Gott-Ruhen bzw. Im-Selbst-Ruhen.

saṁsār(a) (Sanskr. *saṁsāra*) Welt, Familie(nleben), irdische Interessen und Bindungen; philosophisch: die vergängliche Welt (im Gegensatz zu Brahman). Das Leben in der Familie bei Ehefrau oder Ehemann und Kindern gilt als Teil dieser vergänglichen Welt-Sphäre, im Gegensatz zu dem Leben der Mönche, die die «Welt», auch die Familie verlassen, ihnen entsagt haben, um sich ganz der Brahman-Sphäre zuzuwenden. (Im Text wird Samsāra je nach Kontext mit «Welt» oder «Familie[nleben]» übersetzt.)

sandhyā Abenddämmerung; Gottesdienst am Abend.

sannyāsī Bettelmönch, der der «Welt» entsagt hat; Angehöriger der vierten Lebensstufe (s. Stichwort *āśram(a)*).

śāstra die heiligen Schriften des Hinduismus.

Seeschneckenhorn *(śaṅkha)* wird zu Beginn und am Höhepunkt einer religiösen Zeremonie geblasen, z. B. abends vor dem rituellen Gottesdienst.

siddhi übernatürliche («okkulte») Kräfte (eines Yogī); ein Rauschmittel.

siddha jemand, der übernatürliche («okkulte») Kräfte besitzt; ein Weiser.

śrāddha Ritus mehrere Tage nach der Einäscherung für den Seelenfrieden des Verstorbenen.

tantra eine Form von Askese und Kult, die Sakti bzw. ihre Personifizierung als Muttergottheit (Kālī, Durgā usw.) zu ihrem Mittelpunkt machen.

tattva die 24 Lebensprinzipien oder kosmischen Prinzipien (nach der *Sāṁkhya*-Philosophie).

vīṇā Musikinstrument.

yoga (Sanskr. *yoga*) «Vereinigung»; Methode spiritueller Disziplin; asketische Übungen, vor allem Meditations- und Konzentrationsübungen.

yogī jemand, der Yoga übt.

haṭha-yoga (Sanskr. *haṭha-yoga*) eine Art von Yoga, die das spirituelle Ziel hauptsächlich durch Körper- und Atemkontrolle zu erreichen sucht.

haṭha-yogī jemand, der Hatha-Yoga übt.

NAMEN

Āgamas heilige Schriften des Vishnuismus und Sivaismus.

Ākbar bedeutender Moghul-Herrscher in Indien; regierte von 1605–1627.

Bel-Baum (Sanskr. *vilva*) Seine Blätter werden Siva geopfert.

Bhagavad-Gītā Teil des Epos «Mahābhārata»; enthält das Lehrgespräch zwischen Krishna und Arjuna; als heilige Schrift und Volkslehrbuch populär.

Bhuvaneswarī Göttin, Personifizierung von Sakti.

Brahmā Schöpfergott.

Brahmane Angehöriger der obersten Kaste, der Priester-Kaste.

Brāhmo-Samāj Vereinigung neo-hinduistischer Prägung, 1828 von Rām Mohan Roy gegründet, von Debendranāth Tagore und dann von Keshab Chandra Sen weitergeführt worden.

Chaitanya (1486–1533) bengalischer Heiliger, verehrt als vishnuitischer Avatāra; wurde in Nabadwīp (Navadwīpa) geboren, verbreitete eine stark emotionale Bhakti in Bengalen und in anderen Teilen Indiens.

Chandī (caṇḍī) eine heilige Schrift zu Ehren der Muttergottheit, in Bengalen populär.

Dol Frühlingsfest, gefeiert am Vollmondtag im März; auch «Holi» genannt.

Durgā Muttergottheit, dargestellt mit zehn Armen; ihr Gemahl ist Siva.

Faraday, Michael (1791–1867) englischer Physiker und Chemiker.

Gaur(āṅga) «der Goldene, Goldfarbene»; Name von Chaitanya.

Girish Chandra Ghosh (1844–1912) bekannter Dramatiker, Schauspieler und Theaterdirektor.

Gobinda (Sanskr. *Govinda*) Name für Krishna als jünglinghafter Kuhhirte.

Gopāl Name für Krishna als Kind.

Hanumān heroische Gestalt im Epos «Rāmāyana»; wegen seiner treuen Dienste für Rāma gilt er als Modell eines Gottesdieners und als Vorbild für *dāsya-bhāba*; (vgl. S. 128–130).

Hari Gott; besonders Vishnu.

Hāzrā, Pratāp Chandra wohnte im Tempelbezirk von Dakshineswar, um ein asketisches Leben zu führen. Rāmakrishna mußte viel unter ihm leiden.

Hriday (hṛday) Neffe von Rāmakrishna; er wohnte während der Zeit von Rāmakrishnas intensiver Sādhanā bei ihm und sorgte für ihn.

Kālī Muttergottheit, dargestellt mit vier Armen und dunkelhäutig; sie hat einen schrecklichen, furchterregenden Aspekt und einen gütigen, gnadenreichen Aspekt; Personifizierung von Sakti; ihr Gemahl ist Siva. Kālī wird besonders in Bengalen verehrt.

Kali-Yug(a) das letzte der vier Zeitalter nach Hindu-Vorstellung; das «dunkle Zeitalter», in dem wir uns gegenwärtig befinden. Es besitzt von allen Zeitaltern die geringste spirituelle und moralische Kraft.

Kāśī Name für die Pilgerstadt Vārānasī (Benares).

Keshab Chandra Sen (1838–1884) einer der Leiter des Brāhmo-Samāj, berühmter Prediger und Autor; er war von Christus und christlichen Ideen stark beeinflußt.

Krishna (kṛṣṇa) Avatāra von Vishnu, meist als jünglinghafter Gott verehrt; wohnte in *Brindāban* (Vrindāvana), Nordindien, auch *Braj* (Vraja) genannt, als Kuhhirte. Die Milchmädchen *(gopīs)* des Dorfes verliebten sich in Krishna und besuchten ihn auf den umliegenden Weiden, in den Wäldern und am Ufer des Flusses *Yamunā*.

Rādhā eines der Milchmädchen. Rādhā-Krishna ist das klassische göttliche Liebespaar im Hinduismus. Der Verehrer Krishnas versucht, Rādhā zu «werden», um so Krishna zu lieben und zu verehren.

Yaśodā Ziehmutter von Krishna.

Lakshmī (lakṣmī) Muttergottheit; Göttin des Glücks und des Reichtums; ihr Gemahl ist Vishnu (Nārāyana).

M., Mani Mahendranath Gupta, ein Schüler von Rāmakrishna und der Verfasser von *Śrīśrī Rāmakṛṣṇa Kathāmṛta.*

Mahābhārata Epos.

Mathur Bābu Mathurā Nāth Biswās (auch: Mathurā Mohan Biswās), Schwiegersohn von *Rāṇī Rāsmaṇī*, der Erbauerin des Kālī-Tempels in Dakshineswar.

Nārāyaṇa Gott; Name für Vishnu.

Nāth Gott als Beschützer.

Naren(dra) Narendranāth Datta, der spätere Swāmī Vivekānanda, der bedeutendste monastische Schüler von Rāmakrishna.

Nrisingha (nṛsiṅgha) einer der zehn vishnuitischen Avatāras; in der Mythologie ein Wesen halb Mann, halb Löwe.

Pañchabaṭī (pañcabaṭī) Gruppe von fünf Bäumen neben dem Tempel von Dakshineswar am Ufer des Ganges. Unter diesen Bäumen übte Rāmakrishna Sādhanā.

Prahlāda ein Asura, Verehrer von Vishnu; er entkam auf heroische Weise den Nachstellungen seines Vaters, der ihn an seinem Gottesdienst zu hindern suchte.

Rādhā eines der Milchmädchen von Brindāban, der Krishna besonders zugeneigt war.

Rāma(chandra) Held des Epos *«Rāmāyana»*, das einen Teil seines Lebens erzählt; im Vishnuismus ein Avatāra.

Rāmānuja (gest. 1137) Vishnuit aus Tamil Nadu, Begründer einer philosophischen Schule, des *Viśiṣṭādvaita* («qualifizierter Monismus»).

Rām Mohan Roy (1772–1833) Begründer des Brāhmo-Samāj; bedeutender sozialer und religiöser Reformer, dessen Bücher große Wirkung hatten; er leitete die moderne «Hindu-Renaissance» ein.

Śaṅkara, Śaṅkarāchārya (8. Jh.) bedeutender Philosoph und wichtigster Vertreter des Advaita-Vedānta.

Sītā Ehefrau von Rāma.

Śiva «der Gütige»; der höchste (persönliche) Gott der Sivaiten, der Gott der Welt-Auflösung.

Śrīmad Bhāgavata ein Buch mythologischer Geschichten, zu den *Purāṇas* gehörend; ein Teil beschreibt das Leben von Krishna.

Sumeru heiliger Berg.

Tārā «Stern»; Name für die Muttergottheit Kālī.

Vaikuṇṭha Aufenthaltsort («Himmel») von Vishnu und seinen Verehrern.

Veda die frühesten Offenbarungstexte der Hindus, bestehend aus vier Sammlungen von Hymnen, Sprüchen usw.

Vedānta «Ende des Veda»; die Philosophie, die auf den dem Veda folgenden heiligen Schriften, den Upanishaden, aufbaut.

Vedāntin jemand, der die Philosophie des Vedānta vertritt.

Vishnu (viṣṇu) der höchste (persönliche) Gott der Vishnuiten; der Gott der Welt-Erhaltung.

Vivekacūḍāmaṇi philosophisches Traktat des Sankara, das den Advaita-Vedānta («absoluten Monismus») behandelt.

Vyāsa(deva) altindischer Weiser, Autor des «Mahābhārata» und anderer Schriften.

Yamunā Fluß in Nordindien, fließt an Brindāban vorbei, dem Schauplatz von Krishnas Jugendzeit als Kuhhirte.

Yaśodā Ziehmutter von Krishna.

Quellennachweis – Datum der Gespräche – Inhaltsverzeichnis

Hinter den Kapitelüberschriften befinden sich jeweils drei Angaben.

Die erste bezieht sich auf die Seitenzahl(en) im bengalischen Quellenwerk *Śrīśrī Rāmakṛṣṇa Kathāmṛta,* verlegt im *Śrī M Ṭākurbāṭi,* Kalkutta, im bengalischen Jahr 1386 (1979–1980). Es handelt sich um den zweiten und dritten Band des fünfbändigen Quellenwerks.

Die zweite Angabe nennt das Datum, an dem das jeweils wiedergegebene Gespräch stattgefunden hat.

Die dritte Angabe ist die Seitenzahl in diesem Buch.

Literaturverzeichnis

(AUSWAHL)

1. Quellenwerk

M. [Mahendranāth Gupta]: *Śrīśrī Rāmakṛṣṇa Kathāmṛta.* 5 Bände. Zuerst erschienen 1902, 1905, 1907, 1910 und 1932. Vorlage dieser Textauswahl sind Band 2 und 3 der Ausgabe aus dem Jahr 1386 (1979–1980). *Śrī M Ṭhākurbaṭī*, Kalkutta.

2. Übersetzungen des Quellenwerks

(a) ins Englische:

M.: The Gospel of Sri Ramakrishna. Übersetzt von Swami Nikhilananda. Sri Ramakrishna Math, Madras 1944 (Übersetzung aller fünf Quellenbände, chronologisch geordnet).

M.: The Condensed Gospel of Sri Ramakrishna. Übersetzt von M. Sri Ramakrishna Math, Madras 1978 (zuerst 1907 erschienen; Kurzfassung der bis dahin erschienenen bengalischen Bände in freier Übersetzung).

Swami Abhedananda: Ramakrishna Kathamrita and Ramakrishna (Memoirs of Ramakrishna). Ramakrishna Vedanta Math, Kalkutta 1967 (zuerst 1907 in Amerika erschienen; beruht auf der englischen Übersetzung von M.).

(b) ins Deutsche (aus dem Original übersetzt):

Srī Rāmakrishna – Setze Gott keine Grenzen. Gespräche des indischen Heiligen mit seinen Schülern. Aus dem Bengalischen übersetzt, ausgewählt und eingeleitet von Martin Kämpchen. «Texte zum Nachdenken», Herderbücherei Nr. 1165. Verlag Herder, Freiburg 1984 (Auswahl aus dem ersten Band des fünfbändigen Quellenwerks).

(c) ins Deutsche (nach der englischen Übersetzung):

Ramakrishna: Das Vermächtnis. Übersetzt von Kurt Friedrichs. O.W. Barth Verlag, München 1981 (nach der Kurzfassung der Nikhilananda-Übersetzung).

3. Studien zum Quellenwerk

Sri Sri Ramakrishna Kathamrita. Centenary Memorial. Hrsg. von D. P. Gupta und D. K. Sengupta. Sri Ma Trust, Chandigarh 1982.

Sumit Sarkar: The Kathamrita as a Text: Towards an Understanding of Ramakrishna Paramahamsa. Occasional Papers on History and Society Nr. XXII. Nehru Memorial Museum and Library, New Delhi o. J. (masch.).

4. Biographien Rāmakrishnas

Swami Saradananda: *Śrī Śrī Rāmakṛṣṇa Līlā-Prasaṅga.* Englische Übersetzung von Swami Jagadananda: Sri Ramakrishna the Great Master. Sri Ramakrishna Math, Madras 1952.

Christopher Isherwood: Ramakrishna and His Disciples. Advaita Ashrama, Kalkutta 1969.

Romain Rolland: Das Leben von Ramakrishna. Aus dem Französischen von Paul Amann. Rotapfel Verlag, Zürich/Stuttgart 1964.

Solange Lemaître: Ramakrishna. rororo-bildmonographien Nr. 60. Rowohlt Verlag, Reinbek 1963.

Hans Torwesten: Ramakrishna. Schauspieler Gottes. Fischer-Taschenbuch Nr. 5094. Fischer-Taschenbuch-Verlag, Frankfurt 1981. Neuauflage unter dem Titel: Ramakrishna. Ein Leben in Ekstase. Verlag Michael Hesemann, Göttingen 1986.

5. Studien zu Ramakrishna

Max Müller: Ramakrishna, His Life and Sayings. Hrsg. von Nanda Mookherjee. S. Gupta & Bros., Kalkutta 1978.

Otto Wolff: Indiens Beitrag zum neuen Menschenbild. Ramakrishna – Gandhi – Sri Aurobindo. rowohlts deutsche enzyklopädie Nr. 56. Rowohlt Verlag, Reinbek 1957.

Claude Alan Stark: God of All. Sri Ramakrishna's Approach to Religious Plurality. Claude Stark, Inc., Cape Cod 1974.

Swami Gambhirananda: History of the Ramakrishna Math and Ramakrishna Mission. Advaita Ashrama, Kalkutta 1983.

Swami Prabhananda: First Meetings with Sri Ramakrishna. Sir Ramakrishna Math, Madras 1987.

A Bridge to Eternity. Sri Ramakrishna and His Monastic Order. Advaita Ashrama, Kalkutta 1986 (Anthologie von Aufsätzen verschiedener Autoren).

Ramakrishna. Übersetzt, bearbeitet und zusammengestellt von Cilli Kubesch. Vedanta-Zentrum, Wiesbaden 1986 (Anthologie von Aufsätzen über Rāmakrishna, seine Schüler und Verehrer).

Hans Torwesten: Ramakrishna und Christus oder Das Paradox der Inkarnation. Auroville-Verlag, Planegg 1981.

Martin Kämpchen: Concept of Holiness in Hinduism and Christianity Exemplified by the Lives of Srī Rāmakrishna and Francis of Assisi. Diss. Visva-Bharati-Universität. Santiniketan 1985 (masch.).

Hans-Peter Müller: Die Ramakrishna-Bewegung. Studien zu ihrer Entstehung, Verbreitung und Gestalt. Reihe: Missionswissenschaftliche Forschungen 18. G. Mohn Verlag, Gütersloh 1986.